安徽省皖北文化研究中心重点课题
“挖掘皖北经济文化资源，重构新时代阜阳形象”
（项目编号：xdhzpt201705）阶段成果

淮河历史文化丛书 | 吴海涛　李良玉　主编

淮河流域历史人物

刘家富　郭从杰　著

黄山书社

图书在版编目(CIP)数据

淮河流域历史人物 / 吴海涛，李良玉主编；刘家富，郭从杰著．—合肥：黄山书社，2021.6

（淮河历史文化丛书）

ISBN 978-7-5461-6330-7

Ⅰ．①淮… Ⅱ．①吴… ②李… ③刘… ④郭… Ⅲ．①淮河流域—历史人物—生平事迹 Ⅳ．① K820.854

中国版本图书馆 CIP 数据核字（2021）第 115421 号

淮河历史文化丛书 · 淮河流域历史人物
HUAIHE LISHI WENHUA CONGSHU HUAIHE LIUYU LISHI RENWU

吴海涛 李良玉 主编
刘家富 郭从杰 著

出 品 人　贾兴权
责任编辑　周振华
责任印制　李　磊
装帧设计　观止堂_未 氓
出版发行　黄山书社（http：//www.hspress.cn）
地址邮编　安徽省合肥市蜀山区翡翠路 1118 号出版传媒广场 7 层 230071
印　　刷　合肥锐达印务有限责任公司
版　　次　2022 年 12 月第 1 版
印　　次　2022 年 12 月第 1 次印刷
开　　本　700mm × 1000mm　1/16
字　　数　190 千字
印　　张　11.75
书　　号　ISBN 978-7-5461-6330-7
定　　价　55.00 元

服务热线　0551-63533706
销售热线　0551-63533761
官方直营书店（https://hsss.tmall.com）

总序

淮河，是我国中原腹地的一条古河流，自古就与黄河、长江、济水并称为“四渎”，在早期中国的地位举足轻重，在当代仍被列为我国七大江河之一。用“源远流长，博大精深，兼容并包，影响深远”来形容淮河文化，绝不为过。淮河流域在我国数千年的文明发展史上，始终占有极其重要的位置。淮河流域不但在地形、降水、气候上表现出明显的过渡性质，而且具有相对封闭又便于交流的地域形态，独流入海的淮河使得该流域成为一个相对完整的文化体系。淮河流域东部面向大海，西部深入中原腹地，涵盖中原文化区、海岱文化区，其南又有宁镇文化区，正处在东、西、南、北文化交汇之处，因此形成了十分复杂的古文化面貌，表现出特有的多元性、过渡性和开放性。淮河流域在5000多年的中华文明史中孕育了灿烂辉煌的文化遗产，这些丰富多彩的历史文化不仅代表了中华文明的卓越成就，还彰显了淮河流域在古代社会的重要地位，更对中华文明的形成产生了重要作用。

“说史自省，研古鉴今。”研究传统文化是为了更好地造就新文化、服务新文化，为今天大力发展社会主义精神文明服务。本套丛书以淮河流域历史文化为研究对象，以“淮河文化的历史溯源”“淮河历史文化的纵向传承与变迁”“淮河历史文化的横向内涵与外延”“淮河历史文化的自身特征”为四个子系统，运用“全息史观”理论，多角度、全方位系统考察淮河文化的历史发展与演变，探讨淮河流域历史文化的内涵、外延。同时，通过与其他区域文化的比较，细致研究淮河流域历史文化的特征。该研究可以进一步促进和深化淮河历史文化的研究，拓展我国区域社会历史文化研究的空间，丰富区域社会文化史研究的内容，进一步推动我国文化史研究向前发展。

学术界对淮河流域历史文化的研究取得了相当不错的成绩。然而，今天看来，淮河流域历史文化研究还存在一些比较薄弱的环节，主要表现在：其一，淮河历史文化整体性研究不足，研究深度有待提高，系统性的资料挖掘和整理还比较缺乏。其二，相对于经济史研究而言，淮河流域文化史研究有待加强。一方面，各个时期、各专题研究存在不平衡的现象；另一方面，就研究角度而言，对历史时期淮河流域治乱兴衰与文化传承间的关系研究涉及较少，对淮河流域文化传承与变迁的深层次原因等问题研究不够深入。其三，研究成果资鉴性不明显。淮河流域文化变迁史昭示着中国文明的兴衰。淮河流域文化传承与变迁是一个漫长过程，而影响这种变迁的因素又是至为复杂和不断变化的。在种种因素中寻找出某些有规律性的现象，总结经验教训，找出症结所在，并为该地区今后文化的可持续发展提供历史借鉴，是既有学术价值又有现实意义的课题。其四，影响不足。碎片化、个案化、学术化较强，使得关心、关注淮河流域的读者对其缺乏整体性、连贯性、易接受性的了解。

本套丛书共包括《淮河流域早期文明》等八本书，分别是：

《淮河流域早期文明》：淮河流域地处我国东部之中，气候温和，土地肥沃，雨量适中，物产丰富，人杰地灵，开发历史悠久，是我国经济、文化较早繁荣发达的地区之一，也是中华文明的早期起源地之一。沂源人、许昌人化石是我国较早的猿人化石。该流域也以发达的稻作农业和丰富的礼乐文化而著称于世，从史前到夏商周三代，都成为中华文明的重要源头之一。在中华文明的形成过程中，作为三大集团（华夏、东夷、苗蛮）之一的东夷集团扮演了不可或缺的角色。先秦时期东夷文化产生、发展、繁荣直至融入华夏文明的过程，其实质是与中原华夏文明及其周边诸文化之间相互交流、碰撞、融合的过程。春秋时期淮河流域就有了水利开发的历史，而且还取得了很大的成就。楚庄王时，孙叔敖在淮河流域兴修水利。吴王夫差开挖邗江，沟通江淮。邗沟连同后来修建的菏水、鸿沟运河，都是中国早期运河。淮河流域在先秦时期就处在政治、经济、文化的中心地位，史前时期的农业、手工业、家畜饲养以及历史遗存（如聚落、建筑）是其物质文化的重要基础；文字、音乐、思想等则是精神层面的典型表现。淮河流域还是中华思想的发源地。孕育于淮河流域的这些文化因素，不但起源时间早，而且发展程度较高，为早期中华文明的形成作出了重要贡献。

《淮河流域民俗风情》：淮河流域生产习俗是民众在长期的生产实践中

创造、享用的物质文化事象。生产习俗具有周期性、延续性、区域性特征。迎春活动隆重，农业的禁忌、祭祀多样。手工业尊崇行业祖师爷，师徒关系严格。商业开张敬财神、重禁忌，庙会活动兴盛，会馆与商会较多。淮河流域服饰官民有别，贫富悬殊。日常米面同食，以面食为主，日常菜肴贫富有差异，饮酒在饮食中占有重要地位。建房有禁忌，喜聚族而居。民众远行多择吉日、晴日，出行的禁忌风气较浓。淮河流域有幼儿诞生庆贺的习俗，满月、百天、周岁都要庆贺。给长者祝寿是中华民族尊老敬老的传统之一，民间甚为重视且气氛祥和。婚姻重礼仪，重视贞节观，下层民众的婚姻困难较多。丧葬讲究礼仪，贫富人家丧葬有差异。淮河流域对岁时节日极为重视，并形成自己的特色。初一吃素饺意为素素净净过年。正月十五吃元宵意谓和和美美。清明节给坟“添土”延续着怀念故人的思绪。端午节吃粽子、佩带香袋等既是对屈原的纪念，也是对饮食文化的沿袭。七夕节是我国传统节日中最具浪漫情调的。中秋节讲究团圆，体现了亲情最重。重阳节敬老、爱老成为全社会共识，传承了自古以来中华民族尊老的美德。淮河流域祈求城隍神保佑民众风调雨顺、安居乐业。宗族建立祠堂，希冀先祖护佑。淮河流域与水患、蝗灾、民生有关的神灵如龙王、刘猛将军、河（湖）神、风神等祭祀之风兴盛。祭祀名宦实际上是对正直、业绩突出官员的崇拜。民间信仰有诸多功利性、实用性。流域内崇武风气长期盛行，至近代尤为突出，传承至今。

《淮河流域名家大族》：一个家族如若保持数十年甚至数百年而不衰，与该家族重视家训、家风以及家谱有着极为密切的关系。正如钱穆先生指出的：“一个大门第，决非全赖于外在之权势与财力，而能保泰持盈达于数百年之久；更非清虚与奢汰，所能使闺门雍穆，子弟循谨，维护此门户于不衰。当时极重家教门风，孝弟妇德，皆从两汉儒学传来。”本书选取曲阜孔氏家族、龙亢桓氏家族、亳州曹氏家族、颍川钟氏家族、淮南廖氏家族、凤阳汤氏家族、寿县孙氏家族、淮安丁氏家族、太邱刘氏家族、颍州程氏家族等历史时期淮河流域较为具有代表性的十个家族，梳理其发展脉络，阐释其家训、家风，归纳其繁衍不衰的内在原因，研判其在社会历史发展中的作用。这不仅有助于人们了解这段历史，传承弘扬中华民族传统家庭美德，也可为当前社会主义精神文明建设提供有益的借鉴。

《淮河流域灾害与治理》：人和自然关系的和谐，经济发展和人口、资源、环境之间的互相适应，生产发展，生活幸福，生态美丽已经上升为国家战略。这些正是环境变迁史或灾害史关注和研究的重要内容。12世纪以前，淮河是独流入海的，尾闾也十分通畅，水旱灾害比较少，民间也流传着“走千走万，不如淮河两岸”的赞誉。12世纪以后，由于黄河夺淮的影响，淮河水系遭到巨大的破坏，下游入海河道逐渐变为地上河，无法排泄淮河洪水，许多支流发生了变迁或淤废，造成淮河流域经常河水泛滥，受灾严重，尤其是中下游地区。面对灾害，历代统治者虽然也采取过一些治理的措施，实施了一些应对之策，但未能扭转淮河对人民危害巨大的局面，灾害反而愈演愈烈，致使淮河成为一条名声在外的害河。新中国成立后，尽管淮河的灾害仍在持续，但在党中央治淮方针的指引下，数千万淮河儿女几十年如一日艰苦奋斗、团结治水，淮河的治理取得了举世瞩目的伟大成就。新中国在治理水灾方面已经走出了历史上经常出现的因灾致荒、由荒致乱、因乱而水利失修、因水利失修而易生灾害的怪圈。淮河既是中华民族多灾多难的缩影，同时也是中华民族团结奋斗、战天斗地大无畏精神的展现，更是新时代党和人民政府为民造福、改造自然的一座永恒的丰碑。

《淮河流域历史人物》：淮河流域是我国古代著名的帝王之乡，蚌埠怀远诞生了夏后帝启，江苏宿迁孕育了西楚霸王项羽，沛县是西汉开国皇帝刘邦的故乡，亳州为三国曹魏政权曹丕的发迹之所，凤阳则走出了布衣皇帝朱元璋。伴随着这些君主帝王而建功立业的文臣武将也如群星璀璨，如张良、萧何、韩信、英布、鲁肃、吕蒙、诸葛亮、李善长、徐达、常遇春等。淮河流域历史悠久，人文荟萃，开放、包容的社会环境，使各种思想文化在此交流碰撞、混生杂融，并不时迸发、孕育出影响中华文明进程、改写中国历史的深刻思想与睿智哲学。涡水流域是道家文化的肇兴地，道家的创始人老子、庄子都诞生于淮河流域的涡水蒙地。此外，这里还诞生了管子、曹操、华佗、嵇康等一代先哲。近代以来，淮河流域风云激荡，英雄人物辈出。晚清时期，捻军首领张乐行在雉河集起义抗清，军阀始祖苗沛霖割据淮上，盘踞一方。这里还涌现出一批朝廷重臣，诸如两广总督徐广缙、光绪帝师孙家鼐、清末名将马玉昆、长江水师提督程文炳、新疆巡抚袁大化。民国时期淮河流域也孕育出一批致力革命的仁人志士，比如同盟会元老柏文蔚、程恩普，开国元勋周恩来总理。作为将军摇篮的鄂豫皖苏区也横跨淮河流域，许世友、李德生、洪学智、皮定均等一百多位将军都是从这里走出来的。近代以来的淮河流域也是多姿多彩的，银行家周作民、实业家倪道杰、亦官亦商的孙多森、史学家萧一山、考古学家罗振玉、文学家蒋光慈、画家李可染、新闻学家戈公振，等等，他们都用精诚、睿智与努力书写着人生的传奇。

《淮河流域名城古镇》：本书选取淮河流域的安徽、江苏、河南、山东四省近 30 个历史名城古镇，分上、下两编，分别介绍。全书在充分调研的基础上，对这些名城古镇的建置沿革、水陆交通、城镇变迁、历史遗迹、历史名人、民风民俗、传统美食以及文化艺术等进行较为翔实的介绍。该研究可以丰富淮河流域名城古镇历史文化的研究，有利于读者了解淮河流域名城古镇深厚的历史文化，也为地方政府合理利用名城古镇丰富历史文化资源以及保护名城古镇文化的多样性与独特性提供理论参考。

《淮河流域战争风云》：淮河流域独特的社会经济条件，受到各类政治集团的关注，成为各类政治力量争相控制的地区，也成为中国历史上战争多发地。据统计，中国历史上较为著名的战役有两百余次，发生在淮河流域的约占四分之一。有些战役规模之大，影响之远，深刻改变了中国历史的发展，推动了王朝的更替。淮河流域战争多发频发的原因是多方面的，既有自然地理因素，也有社会阶级因素，同时也与淮河流域所处的战略经济地位密切相关。本书从四个方面介绍了淮河流域发生的著名战役战争，根据其影响、性质将其分为部落之战与诸侯争霸、王朝争战与南北相持、农民起义与农民战争、抗日烽火与解放战争，以点带面，以战役发生、经过为论述角度、节点，辅之背景及影响、意义、后果等，来考察这一时期战争的性质及历史地位。在此基础上，探讨淮河流域战争多发的因素及其战略地位与影响，给人们提供一个观察、了解、评价这一区域历史发展与历史地位的新角度，推动淮河流域历史研究向多视角、多维度纵深发展。

《淮河流域非物质文化遗产》：淮河流域的非物质文化遗产有着悠久的历史和深厚的文化底蕴，有民间文学、传统美术、传统技艺、戏剧曲艺、武术医药等多种文化类型。这些文化遗产不仅种类繁多，内涵丰富，还具有独特的地域特征。淮河流域的非物质文化，有自己的脉络，有自己古老的阵势，它与祖祖辈辈生活在淮河两岸人民的生活紧密结合，同我们血脉中的基因难以割舍，是与生俱来的原真性、原生性文化。非物质文化遗产和自然遗产、物质文化遗产一样具有突出意义和普遍价值。非物质文化是一种具有特殊价值的人类文化活动，以文化形式存在于人类的活动、表现之中。作为一种精神活动，非物质文化遗产如果没有人继承，就会随着掌握它的特定人群甚至特定个人的放弃、灭失而消亡。作为遗产，非物质文化必须有人继承才能得以传承。我们要保护、传承非物质文化遗产，让它成为我们民族文化的巨大资源。

本套丛书由吴海涛和李良玉教授策划，由阜阳师范大学历史文化与旅游学院历史学专业骨干教师分工编写。我们力求将知识性、学术性、通俗性、可读性融为一体，期望更多读者加深对淮河历史文化的了解。淮河历史源远流长，淮河文化博大精深，这是我们编写组短时间内无法完全涉及的。本丛书一定有诸多不足之处，敬请读者指正！

目录

第一章
先秦时期

一、“华夏第一相”：管仲

宋代诗人张镃在《杂兴》一诗中写道：“管仲相齐国，童子犹羞称。确守害霸说，三王亦可成。寸短有所长，贪贤况诚切。莫问九合功，咏此宜击节。”对管仲襄助齐国，“九合诸侯，一匡天下”的历史功绩给予高度评价。管仲（约前723—前645），姬姓，管氏，名夷吾，字仲，也称管敬仲，颍上人（今安徽颍上县）。他是我国古代卓越的政治家、思想家，被誉为“华夏第一相”“中国最早的经济改革家”。

1. 管鲍之交

齐僖公八年（约前723），管仲出生，他的祖先是姬姓的后代，与周王室同宗。管仲的父亲管庄曾做过齐国的大夫，后来家道中衰，所以管仲算是出生于一个没落的贵族家庭。管仲自幼聪颖，有过目不忘之能，加之勤奋好学，从小就熟读《诗》《书》，通晓礼乐，还具备高超的射箭、驾车的本领。据说青年时期的管仲到过许多地方，接触过各式各样的人，见过许多世面，从而积累了丰富的社会经验，尤其是在商品、钱币、贸易等方面具有丰富的知识。管仲很小的时候父亲就去世了，为了赡养母亲，他不得不过早地挑起家庭重担，为维持生计而到处奔波。

管仲有位好朋友叫鲍叔牙，两人友情很深。为了谋生，他们俩曾经一起经商。每次赚了钱，管仲总是多分给自己，少分给鲍叔牙。为此，很多人就在背地里议论，说管仲贪财，不讲情义。然而，鲍叔牙从不和管仲计较，反而还替管仲解释，说管仲之所以这样做，是因为他家里负担比较重，多分钱给他是我情愿的。年轻的管仲还当过兵，每次参加战斗都在战场上当逃兵。对此，人们又讥笑他贪生怕死。鲍叔牙听到这些讥笑后，就向人们解释说，管仲不是贪生怕死，他之所以临阵脱逃，是因为他家有年迈的母亲，全靠他一人供养。在长期交往中，鲍叔牙时时处处都为管仲着想。因此，管仲晚年曾多次对人讲过："我与鲍叔牙经商而多取财利，他不认为我贪心；同鲍叔牙谋事，我把事情办糟了，他不认为我愚蠢；我三次从阵地上逃脱，他不认为我胆小怕死；我做官被驱逐，他不认为我不肖；我辅佐公子纠败而被囚忍辱，他不认为我不知羞耻……生我的人是父母，知我的人是鲍叔牙。"因此，"管鲍之交"也成为千百年来我国真挚友谊的代名词。

2. 桓公拜相

齐僖公三十三年（前698），齐僖公去世，留下三个儿子，即太子诸儿、公子纠和公子小白。太子诸儿继位，也就是齐襄公。当时，管仲和鲍叔牙分别辅佐公子纠和公子小白。由于齐襄公荒淫无道，齐国政治和社会相当混乱。管仲和鲍叔牙预感到齐国将会发生大乱，分别护送公子纠和小白到别的国家进行避难。

不出所料，齐襄公十二年（前686），齐国内乱，大臣们杀死了荒淫残暴的齐襄公，齐国王位暂时空虚。逃亡在外的公子纠和公子小白一见时机成熟，都想尽快回国，以便夺取国君的宝座。鲁庄公知道齐国无君后，立即派兵护送在鲁国避难的公子纠回国。与此同时，鲍叔牙护送公子小白也已经从避难的国家出发回国。管仲得知情况后，亲率一队士兵到莒国通往齐国的路上去截击公子小白，途中正遇见公子小白的大队车马。管仲等公子小白车马走近，就张弓搭箭射去，一箭射中，公子小白应声倒下。管仲猜想公子小白已被射死，就立即率领人马返回。其实公子小白没有死，管仲的箭射在他的衣带钩上，急中生智的公子小白咬破舌尖倒下装死。经此一劫，公子小白与鲍叔牙更加警惕，飞速向齐国挺进。他们来到临淄后，在鲍叔牙劝说下，齐国贵族都同意护立公子小白为国君。于是公子小白顺利地登上齐国国君的宝座，他就是历史上有名的齐桓公。

公子小白即位后，为了稳定自己的统治，整治齐国混乱的社会，准备请鲍叔牙出任齐相。但是鲍叔牙坚称自己才能不如管仲，他对齐桓公说，若要使齐国称霸，必须任用管仲为相。在鲍叔牙的极力举荐下，齐桓公不计前嫌，拜管仲为相，并称管仲为“仲父”。

3. 管仲治齐

管仲被齐桓公拜为相后，为了感激齐桓公的知遇之恩，他竭力施展他的经世治国才能，从政治、经济、军事、外交等各个方面进行改革，尽心辅佐齐桓公开创了一番霸业。

（1）行政改革

管仲首先着手整顿齐国行政管理系统，实行“参其国而伍其鄙”的政策。所谓“参其国”，就是将国都划分为二十一乡，士农居十五乡，工居三乡，商居三乡，分别设立三官进行管理。所谓“伍其鄙”，就是将鄙野（国都之外的广大地区）分为五属，分别设立五大夫、五正官进行管理。属之下分设县、乡、卒、邑四级，分别设立县帅、乡帅、卒帅、司官进行管理。管仲整顿行政系统的目的是“定民之居，成民之事”，使士、农、工、商各就其业，各居其地，禁止人们随意迁徙和杂处改业。

（2）选贤任能

管仲十分重视对人才的选用，主张选贤任能，建立人才选拔的三选制度，规定国中各地那些孝顺父母的，聪慧仁爱的，勇猛武力的，由乡长推荐，试用为官。试用称职的，正式委任为吏。他提出在任命一切官员时，都必须根据被任用者实际的政绩，特别是要有取信于民的真实政绩，而不是虚假的、表面的政绩。除了有一套任命、监督、考核等管理制度外，更重要的是要因能授官。管仲在官吏的任用上，正是遵循了这一原则。隰朋聪明敏捷，善于处理一些微妙的关系，因而派他负责处理东方诸国的事务；宾胥无性格坚强，能不畏强暴，坚持原则，因而派他负责处理西方诸国的事务；鲍叔牙为人耿直，疾恶如仇，正好用来监督、考核官吏。让王子城父负责军事，让弦宁负责司法，让东郭牙负责进谏，等等，都遵循的是因能授官的原则。此外，他还总结出一套对于各级官员实行奖惩的具体办法。

（3）经济改革

管仲十分注重经济的建设和发展，主张通过经济改革以富国强兵。他说："国多财则远者来，地辟举则民留处，仓廪实而知礼节，衣食足而知荣辱。"管仲主张废除劳役地租，按土地分等征税，即按照土质好坏、产量高低来确定赋税征收额，禁止贵族掠夺私产。发展盐铁业，实行盐铁官营。设立专管货币的机构——"轻重九府"，由政府统一铸造货币，俗称"齐刀"。调剂物价，实行粮食"准平"政策。"准平"制不但是一种平衡粮价的政策，而且也间接承认了农民自由买卖粮食的权利及自由私田的合法性。重视商业贸易，尤其是境外贸易，以免除税收的办法进行鼓励。发挥齐国临海的地理优势，大兴鱼盐之利。

此外，管仲面对当时"竭泽而渔"的经济开发情况，制定了"山泽各致其时"的政策，也就是我国历史上最早的自然环境保护法，禁止人们为了眼前利益而滥伐滥捕，以保护树木和鱼类的正常生长。

（4）军事改革

为了提高齐国的军事力量，管仲在军事上推行兵民合一的军事制度，按照行政组织来设立军事组织，人们平时生产，战时从军。这一举措不但扩大了兵源，还增强了军队的战斗力。管仲把参加军事作战的十五乡士农分为左中右三军，五乡为一帅，有一万一千人。由齐国国君亲率中军，两个上卿各率五乡为左右军。一乡有十连，一连有四里，一里有十轨，一轨有五家。轨中的五家，因世代居处在一起，利害祸福相关，所以"守则同固，战则同强"。另外，为了解决齐国军备缺乏的问题，管仲实行用兵器或者铜铁赎罪的政策，就连一般的民事诉讼，也可以用箭作为诉讼费。经过这一系列的改革整顿，成效显著，国富兵强，齐国迅速强大起来。

4. 九合诸侯

改革内政后，管仲开始谋划协助齐桓公取得霸主地位。为了使齐桓公成为各诸侯国的盟主，管仲在外交上协助齐桓公做了许多努力。

齐桓公五年（前681），在管仲的建议下，齐国与宋、陈、蔡、邾等国在齐的北杏（今山东聊城东）会盟，商讨安定宋国之计，但被邀请的遂国（今山东肥城南）没有参加。管仲为了提高齐国的威望，就请齐桓公出兵把遂国消灭了。比较强大的鲁国也与齐国和好，双方在柯（今山东东阿西南）会盟。

齐桓公六年（前680），郑国内乱。管仲建议齐桓公出面调解郑国内乱，以此来提高齐国的地位，加速实现做霸主的目的。恰好郑国郑厉公为巩固君位，也要联合齐国。管仲抓住这一时机，建议齐桓公联合宋、卫、郑三国，又邀请周王室参加，于鄄（今山东鄄城）会盟。齐桓公七年（前679），齐桓公以自己名义召集宋、陈、卫、郑又在鄄会盟，齐桓公成为各诸侯国公认的霸主。

齐桓公二十四年（前662），北方少数民族山戎攻打燕国，燕国向齐国求救，齐桓公犹豫不决。管仲认为，燕国被犯求救于我国，如果我们举兵率先讨伐山戎，肯定能够得到各诸侯国的拥戴。经过管仲的分析，齐桓公茅塞顿开，于是派兵救燕。齐军讨伐山戎救援燕国，取得重大胜利。第二年，山戎又攻打邢国，管仲再次提出“戎狄豺狼，不可厌也；诸夏亲昵，不可弃也”，建议齐桓公再次发兵攻打山戎以救邢国。

齐桓公二十九年（前657），楚国与郑国矛盾激化，楚国出兵攻打郑国。齐桓公与管仲约各诸侯国组成联军南下解救郑国。楚国在联军压境的形势下，派使臣屈完与联军谈判。齐桓公为了炫耀兵力，就请屈完来到军中与他同车观看军队。齐桓公指着军队对屈完说：“指挥这样的军队去打仗，什么样的敌人能抵抗得了？指挥这样的军队去夹攻城寨，有什么样的城寨攻克不下呢？”双方经过谈判，齐桓公同意结束战争，与楚国结盟。

齐桓公三十五年（前651），周惠王去世。齐桓公会同各诸侯国拥立太子郑为天子，这就是周襄王。周襄王即位后，齐桓公因平定周襄王的弟弟叔带的叛乱而受到周王室的表彰。齐桓公召集各路诸侯大会于葵丘（今河南兰考、民权县境内），这就是历史上有名的“葵丘之盟”。

在管仲的辅助下，齐桓公先后三次主持了各诸侯国之间的武装会盟，六次和平会盟，齐国成为春秋初期一等强国，齐桓公也成为春秋时期的第一个霸主。这就是历史上所说的“九合诸侯，一匡天下”。同时，管仲通过努力，缓和了各诸侯国之间的矛盾，保护了中原经济和文化的发展，为华夏文明的存续作出了巨大贡献。因此孔子曾感叹说：“管仲相桓公，霸诸侯，一匡天下，民到于今受其赐。微管仲，吾其被发左衽矣。岂若匹夫匹妇之为谅也，自经于沟渎，而莫之知也？”又说：“桓公九合诸侯，不以兵车，管仲之力也。如其仁，如其仁。”

5. 光照千古

齐桓公四十一年（前645）管仲得了重病，桓公前去探视，问他说：“仲父的病很严重了，您将有什么教诲我呢？”管仲说：“齐国的乡下人有句谚语说道：‘家居的人不用准备外出时车上装载的东西，行路的人不用准备家居时需要埋藏的东西。’现在我将要远离人世了，哪还值得询问？”桓公说：“希望仲父不要谦让。”管仲回答说：“希望君王您疏远易牙、竖刁、常之巫、卫公子启方。”桓公说：“易牙不惜烹煮自己的儿子以满足我的口腹，这样的人还能够怀疑吗？”管仲回答说：“人的本性难道不爱自己的儿子吗？自己的儿子都忍心煮死，对君王又将会有什么爱心呢？”桓公又说：“竖刁阉割了自己以便能侍奉我，这样的人还能够怀疑吗？”管仲回答说：“人的本性都是爱惜自己的身体的。自己的身体都忍心残害，对君王又将会有什么爱心呢？”桓公又说：“常之巫能审察死生之理，能驱除鬼降给人的疾病，这样的人还能够怀疑吗？”管仲回答说：“死和生是命中注定的，鬼降给人的疾病是由于精神失守引起的。君王不听任天命，守住精神，却去依靠常之巫，他将因此而无所不为了。”桓公又说：“卫公子启方侍奉我十五年了，他的父亲死了都不回去奔丧，这种人还能够怀疑吗？”管仲回答说：“人的本性哪有不热爱自己父亲的啊。父亲死了都忍心不回去奔丧，对君王又将会有什么爱心呢？”桓公说：“我听你的。”

齐桓公又问谁可以替代相位。管仲回答说："可以任隰朋为相。隰朋的为人，有远大眼光而又虚心下问。我认为，给人恩德叫作仁，给人财物叫作良。用做好事来压服人，人们也不会心服；用做好事来熏陶人，人们就不会不心服。治国有有所不管的政务，治家有有所不知的家事，这只有隰朋能做到。而且隰朋的为人，在家不忘公事，在公也不忘私事；事君没有二心，也不忘其自身。他曾用齐国的钱，救济过五十多户难民，而受惠者却不知是他的恩惠。称得上大仁的，难道不是隰朋吗？"接着，管仲又对齐桓公的几个大臣进行分析说："鲍叔牙为人耿直，但不能为国家牺牲其直；宾胥无为人好善，但不能为国家牺牲其善；宁戚为人能干，但不能适可而止；曹叔宿为人能说，但不能取信后就及时沉默。据我所知，按照消长盈亏的形势，与百姓共屈伸，然后能使国家安宁长久的，还是隰朋。隰朋的为人，行动一定估计力量，举事一定考虑能力。"管仲死后，继任的公孙隰朋、鲍叔牙两位相国继续沿用了管仲所留下的措施。

管仲是我国历史上最早的杰出政治家和改革家，他的治国方略影响了此后中华民族历史的全过程。他是我国历史上治国安邦、富国强兵第一人。因此，在我国历史上管仲一直被认为是"贤相"的典型。

二、"中国哲学之父"：老子

明代诗人宋登春在《自题画老子图》一诗中写道："函谷关西几度游，至今紫气未全收。青牛老子头如雪，莫怪山人浪白头。"描述了老子晚年骑青牛出函谷关云游天下的史事。

老子（约前571—约前471），姓李名耳，字聃，一说字伯阳，又称老聃，是我国古代哲学史、思想史上的大家巨匠，道家学派的创始人。老子生活在春秋时期，曾在东周国都洛邑（今河南洛阳）任守藏吏。相传老子晚年乘青牛西去，并在函谷关（位于今河南灵宝）前写成了五千言的《道德经》（又名《老子》），最后不知所终。《道德经》以“道”解释宇宙万物的演变，含有丰富的辩证法思想。老子哲学与古希腊哲学一起构成了人类哲学的两座高峰，老子也因其深邃的哲学思想而被尊为“中国哲学之父”。20世纪80年代，据联合国教科文组织统计，在世界文化名著中，译成外国文字出版发行量最大的是《圣经》，其次就是《道德经》。老子的思想后来被庄子所传承，并与儒家和后来的佛家思想一起构成了中国传统思想文化的内核。

1. 受学周都

老子的出生地在哪里，学界一直争论不休。司马迁在《史记·老子韩非列传》中记载：“老子者，楚苦县厉乡曲仁里人也，姓李氏，名耳，字聃，周守藏室之史也。”《括地志》记载：“苦县在亳州谷阳县界。”老子诞生地古称流星园。传说老子母亲感大流星而娠，后人遂在这里建造此园。近年涡阳出土的“天静宫兴造碑”，为元朝至顺三年（1332）立，碑文上说：“世传老子母有妊，有星突流于园。继而降诞，则天静宫之基址矣。”同时还发现刻有“古流星园”的匾额一块及刻有“混元（老子）降诞”的碑文。根据上述史实，大多数学者认为老子出生地在现在的安徽省涡阳县。由于资料的缺乏，关于老子的生卒年月尚不能完全确定，有人依据“孔子问礼于老子”的史事推算他大约出生于公元前571年。

根据现在出版的一些有关老子的传记记载，他出生的传说很多。有的说他的母亲怀胎整整八十一年，有一天，他的母亲在一棵李子树下想摘李子吃，谁知刚刚举手抓住李树树枝，腋下忽然生出一个满头白发的男婴。于是他母亲就将男婴取名“老子”。他出生时体弱而头大，眉宽而耳阔，目如深渊珠清澈，鼻含双梁中如辙。因其双耳长大，故起名为“聃”；又因其出生于庚寅虎年（前571)，亲邻们又呼之曰小狸儿，即“小老虎”之意。因江淮间人们把“猫”唤作“狸儿”，音同“李耳”。久而久之，老聃小名“狸儿”便成为大名“李耳”一代一代传下来了。还有的说老子出生时天上流星飘洒，九条龙从九口井中升腾而出，喷水为他沐浴。建于东汉年间的天静宫遗址（当地人称为“老子庙”）里面，就有“古流星园”，九口古井至今尚在。

老子童年的命运是不幸的，出生之前，他的父亲已经去世，他出生不久，母亲也去世了，在陈国开药店的宋国人老莱夫妇收养了他。根据相关文献记载，老子自幼聪慧，静思好学，常缠着家人要听国家兴衰、战争成败、祭祀占卜、观星测象等事情。家人感觉他和别的孩子不一般，特地请了一位精通殷商礼乐的商容老先生来教授他。商容通天文地理，博古今礼仪，深受老子一家敬重。商老先生教书的方法与别人不同，他有时是坐着讲，有时是卧着讲，有时是走着讲，有时又是追赶着一种动物往前跑着讲，不看学生，也不看放在地上的书简。商老先生教授老子三年多的时间，最后向老子家人建议把老子送往周朝都城洛邑学习。

老子的家人听从了商容先生的建议，把年仅十几岁的老子送到周的都城洛邑去学习深造。老子到了洛邑后，进入太学学习。他如饥似渴，天文、地理、人伦，无所不学，文物、典章、史书无所不习，三年而大有长进。后来，老子又被推荐进入守藏室为吏。守藏室是周朝收藏典籍的地方，集天下之文，收天下之书，汗牛充栋，无所不有。身处其中的老子更是发奋学习，博览泛观，渐臻佳境，通礼乐之源，明道德之旨。几年后又迁任守藏室史，名闻遐迩，声播海内。

2. 孔子问礼

随着时间的推移，老子的学问日益精深，声名也越来越大。远在鲁国、已经很有名气的孔子对弟子南宫敬叔说：“周朝守藏室史老聃，博古通今，知礼乐之源，明道德之要。现在我想去向他求教，你愿意和我一起去吗？”南宫敬叔欣然同意，师徒二人在鲁国国君的支持下前往周朝都城拜访老子。

老子见孔子师徒千里迢迢而来，非常高兴。他不但亲自向孔子师徒讲解“道”的哲理，而且还带领孔子拜访大夫苌弘。苌弘擅长音乐，教给孔子一些乐律、乐理知识。老子还带着孔子观看周天子祭神的大典，考察周天子宣教的场所，学习周天子举行祭祀宗庙的礼仪。这些都使孔子感叹不已，获益不浅。

几天后，孔子师徒向老子辞行。老子把他们送到馆舍之外，对他们说：“我听说，富贵的人送人以钱财，仁义的人送人以忠言。我不富不贵，没有钱财送给你们，愿以数言相送：当今之世，聪明而深察者，其所以遇难而几至于死，在于好讥人之非也；善辩而通达者，其所以招祸而屡至于身，在于好扬人之恶也。为人之子，勿以己为高；为人之臣，勿以己为上。望汝切记。”

老子又向孔子说：“你所说的礼，倡导它的人骨头都已经腐烂了，只有他的言论还在。况且君子时运来了就驾着车出去做官，生不逢时，就像蓬草一样随风飘转。我听说，善于经商的人把货物隐藏起来，好像什么东西也没有；君子具有高尚的品德，他的容貌谦虚得像愚钝的人。抛弃你的骄气和过多的欲望，抛弃你做作的情态神色和过大的志向，这些对你自身都是没有好处的。我能告诉你的，就这些罢了。”孔子连连点头说：“弟子一定谨记在心！”

孔子回到鲁国以后，他的弟子们都问老子是个什么样的人。孔子似乎还沉浸在与老子的交谈之中，他饱含深情地对弟子们说：“鸟，我知道它能飞；鱼，我知道它能游；兽，我知道它能跑。会跑的可以织网捕获它，会游的可用丝线去钓它，会飞的可以用箭去射它。至于龙，我就不知道该怎么办了，它是驾着风而飞腾升天的。我今天见到的老子，大概就是龙吧！学识渊深而莫测，志趣高邈而难知；如蛇之随时屈伸，如龙之应时变化。老聃，真吾师也！”

3. 函谷著书

周敬王四年（前516），周王室发生内乱，老子受牵连而辞去官职回到家乡。据记载，在家乡，每天都有许多人聚在他身边听他讲道。一天，吃完晚饭后的乡民又围在他身边要求他讲道。老子和往常一样，说上一阵就停下来让大家发表意见。不料，就在人们七嘴八舌发表意见的时候，一头大青牛也挤进人群并且也说起话来。原来，大青牛听了老子的讲道，竟然被感化成仙了。大青牛的主人非常激动，忙对老子说：“我这头青牛原本就是一头普通的耕牛，现在接受您的点化而成仙了，您就收下它，权当坐骑吧！”牛的主人话音刚落，大青牛就转身冲老子连连点头，并且依偎在老子身边，示意他骑在自己的背上。于是老子就骑上大青牛离开家乡，向西远游。

一路上，老子看见到处都是一片荒凉，战乱导致处处断垣颓壁，井栏摧折，阡陌错断，田园荒芜，枯草萧瑟。目睹此景，老子心如刀绞，他内心想道："兵者，不祥之器，非君子之器。不得已而用之，恬淡为上。胜而不美，而美之者，是乐杀人。夫乐杀人者，则不可得志于天下矣！"

一天，老子到了函谷关前，当时守关官员是周大夫尹喜。这一天尹喜正站在城关上向东瞭望，只见一团紫气从东方冉冉飘移过来。尹喜是一个修养与学识极其高深的人，他一看到这种情景，心里不禁一顿，知道有圣人来了！不多一会儿，就见到一位风骨非凡的人，骑着一头青牛慢慢向关口走来。尹喜仔细一看，竟然是老子！他非常高兴，特地举行隆重的礼仪拜见老子。

寒暄之后，尹喜导引老子到官舍，请老子上坐，然后焚香而行弟子之礼，恳求说："天下人都知道您是有智慧的大圣人。作为圣人，您不应该把自己的智慧据为己有，应该让全天下的人都能够从您的智慧中受益呀。现在您准备隐居，那些慕您名而求教于您的人到哪里去拜访您呢？所以您何不把自己的智慧写出来，传于后世，造福万代啊！"

老子感到尹喜是诚恳相求，便欣然允诺，立即着手写作。他以王朝兴衰成败、百姓安危祸福为鉴，溯其源，著上、下两篇，共五千字。上篇起首为"道可道，非常道；名可名，非常名"，所以被后人称为《道经》。下篇起首为"上德不德，是以有德；下德不失德，是以无德"，被后人称为《德经》，上、下篇合称《道德经》。《道经》阐述宇宙根本，含天地变化之机，蕴阴阳变幻之妙，强调人类一定要顺应宇宙的客观规律，合乎自然规律，才能和谐地生存。《德经》言处世之方，含人事进退之术，蕴长生久视之道，强调"上位者卑谦若谷，下位者为而不争"，社会才能正常发展。

老子写完后交给尹喜，尹喜如获至宝。据说，尹喜读到书中美妙的文字，深深陶醉于其中。

尽管尹喜竭力挽留，老子还是离开了函谷关，云游他处，不知所终。据司马迁记载，老子的儿子叫李宗，做过魏国的将军，封地在段干。李宗的儿子叫李注，李注的儿子叫李宫，李宫的玄孙叫李假，李假在汉文帝时做过官。

而李假的儿子李解担任过胶西王刘印的太傅，因此，李氏就定居在齐地。

4.“道”的思想

老子的《道德经》虽然只有区区五千字，但是影响了整个世界。《道德经》全文内容博大精深，包罗万象，涉及宇宙本体、天地演化、万物生育、人生修养、治国用兵等各个领域。在我国古代的典籍文献中，它与《易经》《论语》一起被认为是“对中国人影响最深刻的三部书”。书中所蕴含的思想博大精深，吸引着世界各地越来越多的人研究它。德国哲学家尼采就曾说过，老子《道德经》“像一个永不枯竭的井泉，满载宝藏，放下汲桶，唾手可得”。

《道德经》是我国道家思想和道教文化的众妙之门。在哲学思想方面，老子试图建立一个囊括宇宙万物的理论。他以“道”解释宇宙万物的演变，认为宇宙的生长过程是“天下万物生于有，有生于无”“道生一，一生二，二生三，三生万物”，因而“人法地，地法天，天法道，道法自然”。无，是形成天地的本始；有，是衍生万物的根源。无—有—万物，这就是老子以“道”为核心的客观唯心主义思想体系。

除了朴素的唯物主义观点，《老子》一书还包括大量朴素辩证法观点，“道”是向相反的方向运动和转化的。任何事物的内部都存在对立的双方，即对立统一。对立的双方是可以相互转化的。老子认为一切事物均具有正反两面，诸如贵贱、福祸、善恶、生死、高下、有无、刚柔、长短等，“反者道之动”，并能由对立而转化。这些朴素的辩证法思想是老子哲学思想的精髓，也是老子思想中最大的闪光点。

在人生观上，老子主张法自然，讲道修德，清静自正。具体要求：一是无私，不多占财物，帮助别人不要求报答。二是容人，“人无弃人”，“报怨以德”。三是谦退，谦就是不自大、不自见、不自是、不自伐、不自矜。他认为不自我表现，所以高明；不自以为是，所以显著；不自我夸耀，所以有功；不自骄自傲，所以长久。退是甘愿居后，甘愿处下，与人不争。四是守柔，让自己处于柔弱的地位，使自身内部具有的潜力能充分发挥出来。

政治思想方面，老子主张“无为”。他的政治理想是希望社会回到一种无矛盾的“无为”境界，“邻国相望，鸡犬之声相闻，民至老死不相往来”，人民过着一种“甘其食，美其服，安其居，乐其俗”的生活。

老子思想对后世的影响极其深远。战国时期的庄子、荀子、韩非诸家学说，汉代的黄老之学、魏晋的玄学、宋朝的理学等学派都与其有密切关系。太史公司马迁曾把老子的思想和后来的庄子、申子、韩非子等人的思想进行比较。他说：老子推重的“道”，虚无，顺应自然，以无所作为来适应各种变化，所以，他写的书很多措辞微妙不易理解。庄子宣演道德，纵意推论，其学说的要点也归本于自然无为的道理。申子勤奋自勉，推行于循名责实。韩非子将法度作为规范行为的绳墨，决断事情，明辨是非，用法严酷苛刻，绝少施恩。他们的主张都始于道德的理论，而老子的思想理论就深邃旷远了。老子的思想在政治和经济方面，曾对汉初恢复经济、巩固封建政权，发挥过积极作用，甚至对历代执政者驾驭臣民也起了策略借鉴作用。老子哲学在国外也很受重视，《道德经》被译成近百种外国文字。美国、日本、英国、法国、德国、瑞典、泰国、西班牙、菲律宾、新加坡、韩国等国家都有专门研究老子的学术机构。因此，可以说没有老子，我国乃至世界文化史将是不完整的。

三、至圣先师：孔子

“夫子何为者，栖栖一代中。地犹鄹氏邑，宅即鲁王宫。叹凤嗟身否，伤麟怨道穷。今看两楹奠，当与梦时同。”这是唐玄宗李隆基所写的一首追祭孔子的诗，诗的题目是《经邹鲁祭孔子而叹之》。

孔子（前551—前479），名丘，字仲尼，春秋末期鲁国陬邑（今山东曲阜市东南）人。我国古代著名的思想家、教育家、儒家学派创始人。相传有“弟子三千，贤弟子七十二人”。晚年潜心致力于古文献整理，修《诗》《书》，定《礼》《乐》，序《周易》，作《春秋》。孔子在古代被尊奉为“天纵之圣”“天之木铎”，是当时社会上的最博学者之一，被后世统治者尊为“孔圣人”“至圣先师”“万世师表”。由于他缔造的儒家思想对中国和世界都有深远的影响，孔子因此被列为“世界十大文化名人”之首。

1.“吾少也贱”的少年时代

据文献记载，孔子的祖上是宋国的贵族，先祖是商朝开国君主商汤。周初三监之乱后，为了安抚商朝的贵族及后裔，周公以周成王之命封商纣王的庶兄微子启于商丘建立宋国，奉殷商祀。微子启死后，其弟微仲即位，微仲是孔子的十五世祖。六世祖得孔氏，称孔父嘉。孔父嘉是宋国大夫，曾为大司马，封地位于宋国栗邑，后来在宫廷内乱中被太宰华督所杀。孔父嘉生子木金父，木金父生孔防叔，孔防叔的孙子叔梁纥就是孔子的父亲。叔梁纥为避宋国战乱逃到鲁国的陬邑（今山东曲阜）定居，其官职为陬邑大夫。

由于叔梁纥的正妻施氏没有为丈夫生一个儿子，另一个小妾虽然为他生了长子孟皮，但是，孟皮天生残疾，叔梁纥很不满意，于是又纳颜氏小女儿颜徵在为妾。

颜徵在时年不满二十岁，而叔梁纥已经近古稀之年，年龄相差悬殊，两人为婚于礼不合。于是夫妻二人便在附近尼丘山居住，最终颜徵在怀孕，所以谓之“野合”。周灵王二十一年，鲁襄公二十二年夏历八月二十七日，公历九月二十二日孔子出生于鲁国陬邑昌平乡(今山东曲阜市东南)尼丘山附近。由于孔子生而七漏，头上圩顶(意为头顶凹陷)，而又因其父母曾祷于尼丘山，所以取名“丘”，字“仲尼”。

在《论语·为政篇》中，孔子总结了自己的一生：“吾十有五而志于学，三十而立,四十而不惑,五十而知天命,六十而耳顺,七十而从心所欲,不逾矩。”

鲁襄公二十四年（前549），孔子三岁，他的父亲叔梁纥病逝。年幼的孔子和他年轻的母亲失去庇佑，孤儿寡母被叔梁纥正妻施氏所不容。于是刚刚二十出头的孔子母亲颜徵在毅然带着孔子庶兄孟皮与孔子迁居到鲁国国都曲阜城内的阙里，过着清贫的生活。

曲阜当时是鲁国贵族聚集之地，也是“六艺”的兴盛之地。孔子从小在这样的环境中成长，既能在耳濡目染间受到熏陶，更为其提供有利的学习条件。

孤儿寡母的孔子和他的母亲在曲阜的生活很不容易。孔子自己曾说：“吾少也贱，故多能鄙事。”意思是说自己是孤儿出身，从小没有地位，在艰难困苦中走过来，所以就学会了不少被认为是鄙贱的技艺。而他的母亲为了让他得到良好的教育，不惜从事一些更加低等的工作，挣一点微薄的钱财。就是如此艰辛，他的母亲仍然花钱为孔子买了许多礼器，给他作嬉戏的玩具。司马迁在《史记·孔子世家》写道，少年时代的孔子“为儿嬉戏，常陈俎豆，设礼容”。此中的俎豆就是古代祭祀时放置供品的祭器。此外，他的母亲尤为重视对他的教育。据史书记载，孔子的母亲在他刚刚三岁的时候，就教他读书识字，到四岁的时候，他已会念百余字了。

鲁昭公五年（前537），日见长大的孔子已意识到要努力学习做人与生活的本领，所以他称自己虽然已经十五岁了，但志向在于做学问。

鲁昭公七年（前535），孔子的母亲去世，这对孔子来说是个天大的打击，年仅十七岁的孔子带着悲痛把母亲与父亲叔梁纥合葬在一起。

2.“少能鄙事”的青年时代

青年时代的孔子长得高大且透着一种少有的文气。据文献记载，他身长九尺六寸，人皆谓之“长人”而异之。有人推算过，说他的身高相当于今天的一米九一。

鲁昭公九年（前533），孔子已经十九岁了，为了能够经常回到祖籍地宋国祭拜祖先，他迎娶了宋国人丌官氏之女为妻。第二年，他的妻子亓官氏为他生了一个儿子。据传，此时正好赶上鲁昭公赐鲤鱼于孔子，所以孔子就给自己的儿子起名为鲤，字伯鱼。

娶妻生子的孔子肩上的担子更重了。自二十多岁起，他就想走仕途，所以对天下大事非常关注，经常思考治理国家的种种问题，也常发表一些见解。但是，为了生活，孔子不得不从事一些社会地位比较低下的工作。他的第一份工作就是在鲁国权臣季孙氏家里任委吏，管理仓库。这份工作虽然社会地位很低下，但是孔子非常珍惜，尽心尽力地做好。他把仓库里的账目计算得清清楚楚，从而得到了季孙氏的赏识。鲁昭公十一年（前531），孔子改作乘田，为季孙氏家管理牛羊畜牧。这份工作比管理仓库更加下贱，但是孔子依然做得很好，把季孙氏家的牛羊养得肥胖强壮。

在管理仓库和牛羊这些低等工作的同时，孔子养成了勤学好问的习惯，在青年时期就已经精通了礼、乐、射、御、书、数等所谓的“六艺”了。孔子在学习方面非常虚心，尤为刻苦。有一次孔子随师襄学鼓琴，曲名是《文王操》。孔子苦苦地练了很多日子，师襄子说：“可以了。”孔子说：“我已经掌握了这个曲子的弹法，但未得其数。”又练了很多日子，师襄子又说：“可以了，你已得其数。”可是孔子仍说：“不可以，未得其志。”又过了相当长的时间，师襄子认为这回真的可以了，可是孔子仍然认为自己没有弹好这首乐曲。于是，孔子反复的钻研，体会琴曲的内涵，直到他看到文王的形象在乐曲中表现出来才罢休。鲁昭公十七年（前525），郯国著名学者郯子来到鲁国朝见。好学的孔子听说郯子很有学问，连夜到郯子所宿居的宾舍进行拜访。两人相谈十分投机，直到天已大亮孔子才恋恋不舍地离去。

3. 三十而立的中年时代

鲁昭公二十年（前522），三十岁的孔子已有些名气。他的邻居都很信服他，纷纷赞叹说：姓孔的那个青年真不简单啊，虽然他还不是个知名的人，但是他会的东西实在是多呀！

这一年，齐景公与晏婴来访鲁国。他们早就听说孔子很有学问，而且对当时的社会状况有自己独到的见解，于是就召见了孔子，与他讨论秦穆公称霸的问题，孔子由此结识了齐景公。鲁昭公二十四年（前518），孟懿子和南宫敬叔向孔子学礼。相传，这期间孔子与南宫敬叔曾经前往周，向著名思想家老子问礼。

鲁昭公二十五年（前517），鲁国发生内乱，鲁昭公被迫逃往齐国。为了实现自己忠君尊王、实行仁政、天下安定的政治抱负，三十五岁的孔子也离开鲁国，到了当时实力比较强大的齐国，受到齐景公的赏识和厚待。第二年，齐景公向孔子询问如何治理国家。孔子说君王要像个君王，臣下要像个臣下，父亲要像个父亲，儿子要像个儿子。孔子“君君，臣臣，父父，子子”的主张得到了齐景公的赏识，齐景公想把尼溪之田封给孔子，但是被反对孔子主张的晏子所阻止。

鲁昭公二十七年（前515），齐国的大夫想加害孔子，孔子听说后向齐景公求救，齐景公说自己老了，不中用了。情急之下，孔子只好提着正淘洗的米仓皇逃出齐国返回鲁国。第二年（前514），孔子听说晋魏献子执政，举贤才不论亲疏，非常高兴，认为这就是自己一贯主张的“义举”，在近处不会埋没与自己亲近而有贤德的人，在远处不会埋没受人推举而有贤德的人，这可以说是仁义了。

鲁昭公三十年（前512），四十岁的孔子经过几十年的磨练，对人生各种问题有了比较清楚的认识，所以他自称四十岁不疑惑。

4. 出仕修经

鲁昭公三十二年（前510），鲁昭公病死，权臣季孙拥立昭公弟公子宋，是为鲁定公。鲁定公五年（前505），鲁国季平子去世，家臣阳虎作乱篡政，想让孔子出来做官。孔子虽然口头答应，但是心里认为“不义而富且贵，于我如浮云”，所以孔子没有去上任，而是继续在家修著《诗》《书》《礼》《乐》，同时教习众多弟子。鲁定公九年（前501），鲁国人不满阳虎干政，群起讨伐他。众叛亲离的阳虎逃奔到晋国。乱世中的孔子终于出山为鲁国服务，被升为小司空。第二年，鲁国与齐国在夹谷（今山东莱芜南）举行会盟，孔子以大司寇的身份为鲁定公相礼。会盟前，孔子对鲁定公说：“虽有文事，必有武备。”建议鲁定公进行周密的准备。由于鲁国准备充分，此次会盟齐国不得不把郓、讙等地归还给鲁国。

鲁定公十一年（前499），孔子升为鲁国大司寇，负责相事。他针对当时鲁国的实际情况，着手整顿鲁国内政，诛杀了少正卯，鲁国内政得以大治。为了削弱三桓即季孙氏、叔孙氏、孟孙氏三家世卿的势力，接着，孔子采取了“隳三都”的措施，拆毁三桓所建的城堡。后来“隳三都”的行动遭到三桓的强烈阻挠，功败垂成，孔子与三桓的矛盾随之暴露并日益加剧。

鲁定公十三年（前497）春天，齐国因为惧怕鲁国强大而施展美人计，选送80名美女和优质马匹给鲁国。美女和骏马停到了城门外便不再进城，鲁定公和季桓子听闻有美女来了，不便正大光明地去享乐，于是就装作巡视各地，只是每次的落脚之处便是在城门外，日日流连，夜夜忘返，对于国家政事也就不闻不问了。

孔子看在眼里，忧在心里。他原本也想等待国君回心转意，奋发图强，但是深知希望很渺茫。因此，孔子非常失望，产生离鲁他去的念头。不久，鲁国举行郊祭，祭祀后按惯例要把祭祀所用的肉分给大夫们，但是没有分给大司寇孔子。孔子意识到季氏不想再重用他了，于是他只得离开鲁国，开始了周游列国的旅程。

5. 周游列国

鲁定公十四年（前496），孔子带领弟子离开鲁国来到了卫国。卫灵公开始非常尊重孔子，按照鲁国的俸禄标准发给孔子俸粟，但没给他什么官职，也没让他参与政事。孔子在卫国住了约1年，因有人在卫灵公面前进谗言，卫灵公对孔子起了疑心，派人公开监视孔子的行动，因此孔子只好带弟子离开卫国，打算去陈国。

孔子路过匡城（今河南睢县）时，因误会被人围困了5天，逃离匡城，到了蒲地，又碰上卫国贵族公叔氏发动叛乱，再次被围。逃脱后，孔子又返回了卫国。卫灵公听说孔子师徒从蒲地返回，非常高兴，亲自出城迎接。此后孔子几次离开卫国，又几次回到卫国。

鲁定公十五年（前495），鲁定公去世，他的儿子蒋被立为国君，是为鲁哀公。孔子离开卫国回到鲁国。

鲁哀公二年（前493），孔子由鲁国再次来到卫国。卫灵公向孔子询问军事方面的事，孔子婉言拒绝了卫灵公。由于孔子在卫国三年多时间而没有得到重用，孔子觉得在卫国住不下去，决定离开卫国西行，投奔晋国赵简子。

孔子在前往晋国的途中，听说赵简子杀害了两个贤人，不由得临河而叹，返回卫国，然后去卫如曹适宋。在前往宋国的途中，孔子曾与弟子习礼于檀树之下。宋司马桓魋欲害孔子，把大树砍掉了。孔子只好微服而行，逃到郑国，郑国也没有接待，孔子只好取道前往陈国。陈国也不欢迎孔子一行，派服劳役的人将孔子师徒围困在半道上，前不靠村，后不着店。孔子和他的弟子所带粮食吃完，绝粮七日。最后弟子子贡前往楚国求取支持，孔子师徒一行才免于一死。

鲁哀公四年（前 491），孔子离开陈国，来到了蔡国。次年，孔子一行从蔡国来到叶国。叶国君主叶公向孔子问政，并与孔子讨论有关正直的道德问题。鲁哀公七年（前 488），孔子又回到卫国。此时，卫国政局非常混乱。子路向孔子问为政之道，孔子说："名不正则言不顺，言不顺则事不成，事不成则礼乐不兴，礼乐不兴则刑罚不中，刑罚不中则民无所措手足。"主张在卫国为政先要正名。

鲁哀公十一年（前 484），齐国派军队讨伐鲁国，孔子弟子冉求率领鲁国军队与齐军交战，大败齐军。在弟子冉求的努力下，季康子派人迎接已经六十八岁的孔子回到鲁国。孔子及其弟子十余年周游列国的流亡生活至此结束。

6. 圣人逝去

回到鲁国的孔子仍有心从政，季康子想要施行田赋，孔子坚决表示反对。季康子为此也没有重用孔子。从此，孔子也不再奢求做官了，开始整理《诗》《书》，定《礼》《乐》，作《春秋》，同时继续从事教育事业。

鲁哀公十三年（前 482），孔子弟子颜回先他而死，他十分悲伤，连呼"噫！天丧予！天丧予！"感慨昔日曾跟随自己从陈国到蔡国去的学生，此时却都不在身边受教了。

鲁哀公十四年（前 481）春天，鲁国的贵族们打猎时捕获了一只奇异的怪兽，大家都不知道是什么东西，也叫不出名字，众人认为这是不吉祥的征兆。孔子听说后便前去观看。不料，孔子一看见所捕获的怪兽如同看到相识多年的老友一样，连声说："你为什么来啊？为什么来啊？这是麟啊！"说完便放声大哭，边哭边说"吾道穷矣"。

看到孔子反常的表现，众人既惊奇又不解。他的弟子子贡好奇地问：“老师为什么哭得如此伤心呢？”孔子一边抹着眼泪一边对子贡说：“麟是瑞兽，含仁怀义，只有政治清明社会和平，遇到仁爱的君王它才出现。可是现在是恶人当道的乱世，物欲横流，礼崩乐坏，麟却出来了，它这是生不逢时必遭残害的呀。你看它的一条腿不是已经被粗暴地折断了吗？”说完又止不住失声痛哭。

这一事件后，孔子便停止修《春秋》，内容只写到鲁哀公“十有四年，春，西狩获麟”。同年六月，齐国陈恒弑杀齐简公，孔子斋戒沐浴三天，觐见鲁哀公，请求鲁国出兵讨伐陈恒，没有得到支持。孔子又向季孙请求出兵，结果遭到拒绝。

鲁哀公十五年（前480），卫国发生政变，孔子另一得意门生子路死于卫国内乱，而且还被剁成肉酱。孔子得知后更加痛心，同时感到自己也时日不多了。

鲁哀公十六年二月初四日（前479年4月4日），子贡来见孔子，孔子拄杖依于门前与其遥遥相望。子贡赶紧小跑到孔子的跟前，一把抓住孔子冰凉的双手，泪水情不自禁地流了出来。孔子一边责问子贡为何那么晚来见自己，一边喃喃唱道：“泰山要倒了！梁柱要断了！哲人要死了！”接着孔子一边流泪一边痛心地说：“天下无道已经很久很久了，没有人肯采纳自己的主张。自己的主张不可能实现了。夏朝的人死时在东阶殡殓，周朝的人死时在西阶殡殓，殷商的人死时在两个楹柱之间殡殓。昨天黄昏梦见自己坐在两楹之间祭奠，自己的祖先就是殷商人啊。子贡啊，看来，我就要死了。”

鲁哀公十六年二月十一日（前479年4月11日），纷纷扬扬的雪花在空中飞舞，七十三岁的孔子带着久病的躯体和无法实现的政治抱负离开了人世。鲁国国君哀公亲自前往祭奠，并且为孔子作了一篇沉痛的悼词：“老天爷真不仁慈，不肯留下这位老人，让他扔下我，孤零零一个人在这个世上。我孤独而又悲伤。啊，多么悲痛！尼父啊，再没有人可以做我的楷模了！”

孔子生活的时代，各诸侯国之间相互争战不断，整个社会“王道衰，礼义废，政权失，国异政，家殊俗”，“君不君、臣不臣、父不父、子不子”成了那个时代的特点。孔子终生热衷于从事政治，有一腔报国热血，也有自己的政治见解，但最高统治者对他始终采取一种若即若离、敬而远之的态度。身处乱世的孔子政治上不得意，便将很大一部分精力用在教育事业上。他一生奋力治学，执着追求，为国为民不计个人荣辱得失。他打破了教育垄断，开创了私学，他提出的教育理念和方法，千百年来成为我国教育事业所秉承的宝贵财富。历代帝王先后给予他高度赞誉，汉平帝追封他为褒成宣尼公，唐玄宗追谥他为文宣王，元武宗加封他为大成至圣文宣王。他的学说在西汉武帝时代就被定为独尊地位的正统思想，清圣祖康熙为他亲笔题书“万世师表”。司马迁在《史记·孔子世家》中写下这样一段充满感情的文字：“《诗》有之：‘高山仰止，景行行止。’虽不能至，然心向往之。余读孔氏书，想见其为人。适鲁，观仲尼庙堂、车服、礼器，诸生以时习礼其家，余祗回留之不能去云。天下君王至于贤人众矣，当时则荣，没则已焉。孔子布衣，传十余世，学者宗之。自天子王侯，中国言‘六艺’者折中于夫子，可谓至圣矣！”

四、东方亚圣：孟子

唐朝诗人罗隐在《雪中怀友人》诗中这样写道：“腊酒复腊雪，故人今越乡。所思谁把盏，端坐恨无航。兔苑旧游尽，龟台仙路长。未知邹孟子，何以奉梁王。”借孟子而抒发胸中怀才不遇之情。

孟子（约前372—约前289），姬姓，孟氏，名轲，字子舆，战国时期邹城（今山东邹城市）人。我国古代伟大的思想家、教育家，儒家学派的代表人物，与孔子并称“孔孟”。韩愈《原道》将孟子列为先秦儒家继承孔子“道统”的人物，元朝追封孟子为“亚圣公”，尊称为“亚圣”。

1. 孟母三迁

孟子的出生之时距孔子之死（前 479）大约百年，活动年代约在公元前 372 年至前 289 年。他是鲁国贵族孟孙氏的后裔。孟孙氏衰微后，族中有一支从鲁国迁居到邹国，就是孟子的祖先。

孟子幼年和孔子一样，是在母亲的教育下成长。赵岐在《孟子题辞》中认为孟子“夙丧其父，幼被慈母三迁之教”。孟子小时候家里很穷，只有几亩薄田，父亲在孟子三岁时就外出谋生，以后就音讯皆无了，家里全靠母亲纺线织布维持生活。孟子家在一个小村庄，村外不远处是一片坟地，总有送葬出殡的人家在那里吹吹打打。孟子好学，看了以后回来就学人出殡打幡、哭丧祭拜。孟母非常担忧，小孩子从小就学这些事，将来怎么得了呢？于是决定搬家，给孟子换了个环境。

孟家迁到了庙户营，这里是个大镇店，母亲的原意是让孟子多长一些见识，开阔眼界。但这里有个集市，喧闹异常。每次孟子从集市回来，不是用棍子挑两块石头学卖菜，就是用木头刀子比比画画地学杀猪。孟母很担心，近朱者赤，近墨者黑，这样下去怎么能行呢？于是决定再次搬家。这一次孟家搬到了一个学堂的隔壁，周围都是读书人。孟子每天都看到上学的人举止文雅，落落大方，也学着读书演礼，孟母这才放下心来，就不再搬家了。

对于孟子的教育，孟母更是重视。除了每天送他上学，还督促他学习。有一天，孟子从学堂逃学回家。孟母正在织布，看见孟子逃学，非常生气，拿起一把剪刀，就把织布机上的布匹割断了。孟子看了很惶恐，跪在地上请问原因。孟母责备他说：“你读书就像我织布一样。织布要一线一线地连成一寸，再连成一尺，再连成一丈、一匹，织完后才是有用的东西。学问也必须靠日积月累、不分昼夜勤求而来。你如果偷懒，不好好读书，半途而废，就像这段被割断的布匹一样变成了没有用的东西。”孟子听了母亲的教诲，深感惭愧。从此以后专心读书，发愤用功，身体力行实践圣人的教诲。孟母的言传身教对孟子最终成为“亚圣”具有巨大的作用。

2. 游说齐宋

孟子继承了孔子的仁政学说，是位非常有抱负的政治家，在诸侯国合纵连横、战争不断的时期，作为伟大的思想家，孟子意识到了当时的时代特征和趋势，建构了自己的学说。与孔子一样，他力图将儒家的政治理论和治国理念转化为具体的国家治理主张，并推行于天下。而当时各个思想家为了实现自己的政治主张，游说各国诸侯。在这样的社会背景下，孟子开始周游列国，游说于各国君主之间，推行他的政治主张。

孟子大约在 45 岁之前率领弟子出游各国。孟子第一次到齐国，是在齐威王年间（前 356—前 320）。在齐国，孟子宣扬他的“仁政无敌”主张。但是，孟子在齐国很不得志，所以很快就离开了。

公元前 329 年前后，孟子到了宋国。孟子在宋国期间，滕国的滕文公还是世子，他去楚国经过宋国时见到孟子，印象非常深刻，“孟子道性善，言必称尧舜”。他从楚国回来又在宋国见到孟子，孟子对他说：“太子怀疑我的话吗？道理只有一个罢了。”意思是说，只要好好地学习“先王”，就可以把滕国治理好。

滕国国君滕定公死后，滕文公嗣位，孟子便来到滕国。滕文公亲自向孟子请教治理国家的事情。孟子说：“民事不可缓也。”他认为人民有了固定产业收入，才有稳定的思想道德和社会秩序。而人民生活有了保障后，还必须对之进行“人伦”的教化，“人伦明于上，小民亲于下”。滕文公又派他的臣子毕战询问井田制的情况。孟子说：“夫仁政，必自经界始。”接着讲了一遍井田制，最后说：“我说的是大概情况，您和您的国君参照着去做吧。”

3. 奔赴魏国

梁惠王后元十五年（前 320），孟子离开滕国到了魏国。这时，孟子已经五十三岁。梁惠王见到孟子就问：“老先生，您不远千里而来，为我的国家带来了什么利益呢？”孟子回答说：“大王为什么一定要讲利益呢？我只是带来了仁义而已。大王说：‘如何给我的国家带来利益？’大夫说：‘如何给我的封邑带来利益？’老百姓说：‘如何给我自身带来利益？’结果上下所有人相互争夺利益，国家就危险了啊！在万乘之国杀害国君的人，一定是千乘之家；在千乘之国杀害国君的人，一定是百乘之家。千乘之家、百乘之家，他们拥有的不可谓不多，但仍贪心不足。如果以利益为先而仁义为后，不夺得国君地位他们是不会满足的。从来没有讲仁的人抛弃亲者，从来没有讲义的人不顾君王。所以大王只讲仁义就行了，为什么一定要讲利益呢？”

梁惠王见孟子不许讲利，就发牢骚说：“好！那就讲义吧。我治国，也算讲义的啊！黄河以南发生饥荒，我就把灾民移于黄河以东。我这不是义吗？当黄河以东发生饥荒，我也是这样做的。我看邻国的政治，还不如我呢。可是我的人口也不加增，邻国的也不见减少。”

“您这就叫五十步笑百步啊。您和您的邻国都不怎么样，关键是你没有仁政。仁人无敌于天下啊。”

梁惠王来精神了：“请先生教诲。”

“仁政就是以仁的感召力和德行来征服人，使万民心悦诚服，诸侯来朝。”

接着，梁惠王又对孟子说：“先生应该知道晋国在被三家所分之前何其强大，我也曾经多次打胜仗。怎么到了我本人治理国家之时，竟然遭到那么多的失败，这该让我如何是好呀？”

孟子没有正面回答，而是反问惠王：“木棍打死人和刀子杀人，有什么不一样？”

梁惠王不假思索地说：“横竖都是杀人，哪有什么不同啊。”孟子紧接着就追问：“那用刀子杀死人跟用错误的国策害死人，有什么不同吗？”惠王还是老实回答：“也没什么不同。”孟子接着说：“您不该为曾经打胜仗而整日洋洋得意，想想您厨房里堆满了山珍海味，马厩里的马都吃得膘肥体壮，再看看外面那些饿得面黄肌瘦的百姓。可见不实行仁政，对这些饿死的百姓来说，你就是始作俑者。”

孟子到魏国的第二年，梁惠王就去世了，他的儿子梁襄王嗣位，孟子便离开魏国又到了齐国。

4.“王顾左右而言他”

刚即位不久的齐宣王非常崇拜以前齐桓公、晋文公所成就的霸业，见到孟子就问：“齐桓、晋文之事可得闻乎？”孟子回答说：“仲尼之徒无道桓、文之事者，是以后世无传焉，臣未之闻也。无以，则王乎？”

齐宣王接着问：“和邻国交往有什么讲究吗？”

孟子回答说：“有。只有有仁德的君主才能够以大国的身份侍奉小国，所以商汤侍奉葛国，周文王侍奉昆夷。只有有智慧的君主才能够以小国的身份侍奉大国，所以周太王侍奉獯鬻，越王勾践侍奉吴王夫差。以大国身份侍奉小国的，是以天命为乐的人；以小国身份侍奉大国的，是敬畏天命的人。以天命为乐的人安定天下，敬畏天命的人安定自己的国家。《诗》说：‘畏惧上天的威灵，因此才能够安定。’”

宣王说：“先生的话可真高深呀！不过，我有个毛病，就是逞强好勇。”

孟子说：“那就请大王不要好小勇。有的人动辄按剑瞪眼说：‘他怎么敢抵挡我呢？’这其实只是匹夫之勇，只能与个把人较量。大王请不要喜好这样的匹夫之勇！《诗》说：‘文王义愤激昂，发令调兵遣将，把侵略莒国的敌军阻挡，增添了周国的吉祥，不辜负天下百姓的期望。’这是周文王的勇。周文王一怒便使天下百姓都得到安定。《尚书》说：‘上天降生了老百姓，又替他们降生了君王，降生了师表，这些君王和师表的唯一责任，就是帮助上帝来爱护老百姓。所以，天下四方的有罪者和无罪者，都由我来负责，普天之下，何人敢超越上帝的意志呢？’所以，只要有一人在天下横行霸道，周武王便感到羞耻。这是周武王的勇。周武王也是一怒便使天下百姓都得到安定。如今大王如果也做到一怒便使天下百姓都得到安定，那么，老百姓就会唯恐大王不喜好勇了啊。”孟子主张齐宣王效法“先王”，实行“仁政”。

孟子问齐宣王：“假如您的某个臣子，把妻子儿女托付给朋友照看，而自己出游楚国，等他回来时，妻子儿女却在受冻挨饿，他应该怎么办？”

齐宣王说：“与此人断绝来往。”

孟子说：“如果司法官员不能管好自己的下级官吏，又该如何处理（君王）？”

齐宣王说：“罢免他。”

孟子说：“如果整个国家没有治理好，又该如何处理君王？”

齐宣王无法正面回答，只好看着两旁的人而把话题岔开了。这就是“王顾左右而言他”的由来。

孟子对齐宣王的进言很多，并未见用。他本来打算依靠齐宣王来推行他的政治主张，但齐宣王只是把他当作一位德高望重的学者来对待，而不想实现他那一套政治理想。孟子也看清楚了这一点，便准备回乡。

5. 再游宋国

公元前 312 年，楚国发兵与秦国战，两次大败于秦。当秦楚正要交战的时刻，孟子从齐国到宋国去，在石丘遇到宋牼。

孟子问：“先生准备到哪里去？”

宋牼说：“我听说秦楚两国交战，我准备去见楚王，劝说他罢兵。如果楚王不听，我准备去见秦王，劝说他罢兵。在两个国王中，我总会说服一个。”

孟子说：“我不想问得太详细，只想知道你的大意，你准备怎样去劝说他们呢？”

宋牼说：“我将告诉他们，交战是很不利的。”

孟子说：“先生的动机是很好的，可是先生的提法不行。先生用利去劝说秦王、楚王，秦王、楚王因为有利而高兴，于是停止军事行动；军队的官兵也因为有利而高兴，于是乐于罢兵。做臣下的心怀利害关系来侍奉君主，做儿子的心怀利害关系来侍奉父亲，做弟弟的心怀利害关系来侍奉哥哥，这就会使君臣之间、父子之间、兄弟之间都完全去掉仁义，心怀利害关系来互相对待，这样不使国家灭亡的，是没有的。若是先生以仁义的道理去劝说秦王、楚王，秦王、楚王因仁义而高兴，于是停止军事行动；军队的官兵也因仁义而高兴，于是乐于罢兵。做臣下的心怀仁义来侍奉君主，做儿子的心怀仁义来侍奉父亲，做弟弟的心怀仁义来侍奉哥哥，这就会使君臣之间、父子之间，兄弟之间都完全去掉利害关系，心怀仁义来互相对待，这样还不能够使天下归服的，是没有的。何必要去谈‘利’呢？”

孟子再游宋时，宋君偃早已自立为王。《孟子·滕文公下》记载：孟子的弟子万章问：“宋，小国也。今将行王政，齐、楚恶而伐之，则如之何？”孟子说：汤、武行王政，他们的征伐，是从水火中拯救百姓，诛杀残暴的君主，得到天下人的拥护，“而无敌于天下”，“苟行王政，四海之内皆举首而望之，欲以为君。齐楚虽大，何畏焉？”

6. 去宋赴鲁

不久，孟子便离开宋国到了鲁国。当时，鲁平公（约前 322—前 302 年在位）正准备重用孟子的弟子乐正子为政，孟子高兴得睡不着觉。

公孙丑问：“乐正子很有能力吗？”

孟子说：“不。”

公孙丑问：“有智慧有远见吗？”

孟子说：“不。”

公孙丑问：“见多识广吗？”

孟子说：“不。”

公孙丑问：“那您为什么高兴得睡不着觉呢？”

孟子回答说：“他为人喜欢听取善言。”

公孙丑问：“喜欢听取善言就够了吗？”

孟子说：“喜欢听取善言足以治理天下，何况治理鲁国呢？假如喜欢听取善言，四面八方的人从千里之外都会赶来把善言告诉他；假如不喜欢听取善言，那别人就会模仿他说：‘呵呵，我都已经知道了！’呵呵的声音和脸色就会把别人拒绝于千里之外。士人在千里之外停止不来，那些进谗言的阿谀奉承之人就会来到。与那些进谗言的阿谀奉承之人住在一起，要想治理好国家，办得到吗？”

鲁平公将要去拜访孟子，由于他所宠爱的小臣臧仓说了孟子的坏话而又改变了主意。乐正子把这件事情的经过告诉了孟子。孟子很有感慨地说：“我不能与鲁君相遇，是出于天命的支配。臧仓那个小人，又怎么能使我不与鲁君相遇呢？”孟子这时已经六十多岁，便回到老家邹国，不再出游了。

约公元前289年，我国历史上继孔子之后的又一位伟大的思想家、政治家、教育家、儒学大师孟轲与世长辞，享年八十四岁。

孟子一生长期过着私人讲学的生活，中年以后怀着政治抱负，带着学生周游列国。政治上，他主张法先王、行仁政；学说上，他推崇孔子，反对杨朱、墨翟。他主张仁政，提出“民贵君轻”的民本思想，游历于齐、宋、滕、魏、鲁等诸国，效法孔子推行自己的政治主张，前后历时二十多年。所到之处，他都无所顾忌地批评国君，被他责备的国君只好“顾左右而言他”。由于孟子的学说不符合他所周游的那些诸侯国家的需要，于是就回到家乡整理儒家文献，阐发孔子的思想学说，写成《孟子》一书。孟子继承并发扬了孔子的思想，他们的思想被世人称为“孔孟之道”。

五、“万古高风一子休”：庄子

唐代大诗人李白曾游访庄子墓，并即兴赋诗深情歌咏庄子：“万古高风一子休，南华妙道几时修。谁能造入公墙里，如上江边望月楼。”庄子（约前369—前286），姓庄，名周，字子休（一说字子沐），世称庄子。宋国蒙（今安徽省蒙城县）人，战国时期著名的思想家、哲学家和文学家，是继老子之后道家学派的重要代表人物。

1. 穷不志短

庄子是宋国的公室后代，先祖可以追溯到宋国的第十一代国君宋戴公，宋戴公为庄姓始祖。庄子出生于宋国蒙，其现代地理位置有多种说法，包括河南商丘说、安徽蒙城说、山东东明说等。其中安徽蒙城说较有代表性。

本来，以庄子的才学获取财富和高位如探囊取物，然而他无意仕进，只做过宋国地方卑微的小吏，而且没有做多久就辞职了。离开官场的他穷困潦倒，只得靠编织草鞋来维持生计，生活非常艰苦。据记载，辞官后的庄子居住在冷僻小巷的破烂房屋里，长期营养不良，饿得面黄肌瘦。据说，有一次他穷得饿了好几顿，没办法，只好去向老朋友监河侯借米。监河侯见庄子落魄的样子，不仅不借给他，还花言巧语地说："我俩是多年的好朋友，我肯定要帮你。但是，眼下我也有困难，周转不开，等到年底收了老百姓的租子，我一定借三百两金子给你。"庄子感觉老友是在挖苦戏弄自己，就说："我来的路上，遇到一条鱼躺在路上的车辙里。它说来自东海，不幸落难到此，问我能不能借给它升斗之水以救命。我就告诉它，我准备到南方去游说吴越国君，让他们来挖河引水，把你送回东海。鱼听了非常生气地说：'你只要用一点点水就可以救活我，现在却说要挖河引水来救我，等到那时我早就死了。'"庄子说完，转头闷闷不乐地回家去了，从此与监河侯断了往来。

庄子的生活虽然非常穷困，但他又能在困境中保持节操，不失初志，坚决不与统治者合作。他宁愿生活在贫贱之中，也终生不当官，不愿去为统治者效力卖命，受他们的拘束，只求自己能得个精神愉快，逍遥自在。据《史记·老子韩非列传》记载：楚国国君威王听说庄子很有才能，就派使者带着极为丰厚的礼物去聘用他，并打算任命他为楚国的相。庄子笑着对楚国的使者说："千金，重利也；卿相，尊位也。可你就没有看见祭祀用的牛吗？喂养它好几年，然后给它披上有花纹的锦绣，牵到祭祀祖先的太庙充当祭品。到了这个时候，它就想当个小猪，免受宰割，也办不到了。你赶快给我走开，不要侮辱我。我宁愿像乌龟一样在泥塘自寻快乐，也不受一国国君的约束。"

又有一次，宋国人曹商出使秦国，得到许多赏赐。回到宋国后，他得意洋洋地对庄子说："你看你住在又窄又破的街巷里，只能靠编草鞋过日子，饿得皮包骨头，我可不会这样窝囊地活着。我只凭借几句话，就能让国君笑逐颜开，还赏赐我许多财物，这可是我的过人之处啊！"庄子听了他的话，淡然一笑说："我听说秦国国君得了痔疮，召集天下医生前往医治。有人用舌头给他舔痔疮，秦王就赏给了那人五辆车。你不会也给秦王舔痔疮了吧？要不然，怎么能得到如此多的赏赐呢？"

庄子一生都追求简单，生活清贫，任性自然。据说他在即将走完自己的人生之际，他的学生告诉他，想用很多好东西给他作陪葬。庄子说：“我以天地为棺椁，以时间为连璧，星辰为珍珠，万物可以作为我的陪葬。我陪葬的东西难道还不够多吗？哪里还用着加上这些东西！”学生说：“我恐怕乌鸦和老鹰会吃您的遗体。”庄子说：“在地面上被乌鸦和老鹰吃，在下面被蚂蚁吃掉，夺过乌鸦、老鹰的吃食，再交给蚂蚁，这是多么不公平啊。”

庄子平时和人交往不多，所以也没有什么可以聊得来的知心朋友，只有一个叫惠施的朋友，倒是经常和他在一起辩驳诘难，切磋学术。有一次，庄子和惠施在濠水的一座桥梁上散步。庄子看着水里游动的鱼儿说：“鱼在水里悠然自得，这是鱼的快乐啊。”惠子说：“你不是鱼，怎么知道鱼的快乐呢？”庄子说：“你不是我，怎么知道我不知道鱼的快乐呢？”惠子说：“我不是你，固然不知道你；你不是鱼，你不知道鱼儿的快乐，也是完全可以断定的。”庄子说：“请回到我们开头的话题。你说‘你怎么知道鱼快乐’这句话，就是已经知道了我知道鱼的快乐而问我，而我是在濠水河边上知道的。”

后来，惠施在大梁做魏国的国相，庄子去看望他。有人告诉惠施说：“庄子到大梁来，是想取代你做宰相。”于是惠施非常害怕，在国都搜捕庄子三天三夜。庄子前去见他，说：“南方有一种鸟，它的名字叫鹓雏，你知道它吗？那鹓雏从南海起飞飞到北海去，不是梧桐树不栖息，不是竹子的果实不吃，不是甜美的泉水不喝。在此时猫头鹰拾到一只腐臭的老鼠，鹓雏从它面前飞过，猫头鹰仰头看着，发出‘喝！’的怒斥声。现在你也想用你的梁国国相来吓我吗？”惠施听了，非常羞愧。

2.“道”“我”合一

庄子生活的时代动荡不安，诸侯混战，互相攻伐。他不愿与统治者同流合污，便辞官隐居，潜心研究道学。庄子在很大程度上继承和发展了老子的思想，与老子并称“道家之祖”。他把道家的“贵生”“为我”引向“达生”“忘我”，归结为天然的“道”“我”合一。

（1）哲学思想

据《史记》记载，庄子“学无所不窥，然其要本归于老子之言”。他在哲学思想上继承和发展了老子“道法自然”的观点，使道家真正成为一个学派，他也因此成为道家的重要代表人物。庄子一生著书十余万言，书名《庄子》，又被称为《南华真经》，是道家经典之一，和《周易》《老子》一起并称为“三玄”。《庄子》一书表明了他既具有浩瀚恣肆、意蕴深广的惊人思辨力，又具有奔放飘逸、恢宏谲怪的艺术风格。庄子主张用逍遥论破功利观念，用齐物论破是非观念，用气化论破生死观念，用自然论破礼教观念。

庄子认为世界万物皆出于“道”，“道”是客观真实的存在，把“道”视为宇宙万物的本源，“万物出于道，然后化生了万物”。他说：“道之真以治身，其绪余以为国家，其土苴以治天下。”意思是，大道的真髓、精华用以治身，它的余绪用以治理国家，它的糟粕用以教化天下。他又说：“无以人灭天，无以故灭命，无以得殉名。谨守而勿失，是谓反其真。”意思是说不要用人为破坏天性，不要用造作妨害天命，不要患得患失以求取功名。谨守天道而不离失，这就是返璞归真。

庄子继承和发展了老子“道法自然”的观点，认为“道”是无限的、“无所不在”的，强调事物的自生自化，否认有神的主宰。庄子用“道”否定当时盛行的“天命论”和“五行说”。

庄子认为，天人之间、物我之间、生死之间以至万物之间，只存在着无条件的同一，即绝对的“齐”；主张“齐物我、齐是非、齐生死、齐贵贱”，幻想一种“天地与我并生，万物与我为一”的主观精神境界，安时处顺，逍遥自得。而学“道”的最后归宿，也唯有泯除一切差异，从“有待”进入“无待”。这种“无为”的思想无疑是消极的。

在庄子的哲学思想中，“天”与“人”是相对立的两个概念，“天”代表着自然，而“人”指的就是“人为”的一切，与自然相背离的一切。“人为”两字合起来，就是一个“伪”字。庄子主张顺从天道，而摒弃“人为”，摒弃人性中那些“伪”的杂质。顺从“天道”，从而与天地相通的，就是庄子所提倡的“德”。在庄子看来，真正的生活是自然而然的，因此不需要去教导什么，规定什么，而是要去掉什么，忘掉什么，忘掉成心、机心、分别心。既然如此，根本用不着政治宣传、礼乐教化、仁义劝导。庄子认为统治者的宣传、教化、劝导都是人性中的“伪”，所以要摒弃它。

庄子在阐述他的唯心的哲学思想过程中认为：“一尺之棰，日取其半，万世不竭。”认为一切事物都处在“无时而不变、无时而不移”中。这一认识具有朴素辩证法的思想。

哲学上，庄子是老子思想的发扬光大者。闻一多先生说：“古来谈哲学以老、庄并称，谈文学以庄、屈并称。……中国人的文化上永远留着庄子的烙印。……别的圣哲，我们也崇拜，但哪像对庄子那样倾倒、醉心、发狂？”

（2）处世哲学

与老子相比，庄子十分注重个体人生，他的处世哲学充满了东方智慧，它所要解决的主要问题是作为主体的个人如何消除种种祸害和束缚，获得完全的精神自由和开放独立的人格。他所追求的理想人生，主要是一种主体精神感受，是能够在去常知、忘情欲、内心虚静、凝敛明觉的状态下一直逍遥自得，是与生机盎然的大自然融为一体后的忘我境界。这实际上是一种艺术化的人生境界。庄子认为人活在世上须旷达，泰然处之，人生应该追求自由，所以他不愿去做官，他认为伴君如伴虎，做官就失去了人身自由。

庄子主张为人处事应遵循“中庸”之道。据记载，庄子在山中行走，看见一棵树长得很美很高大，枝叶很茂盛，伐木者停在那棵树旁却不砍伐它。庄子问他这是什么原因，伐木者回答说：“这棵树没有什么用处。”庄子说：“这棵树因为不成材，结果得以终其天年了。”庄子出了山，来到县邑，住在老朋友的家里。老朋友很高兴，叫僮仆杀一只鹅款待他。僮仆请示道：“一只鹅会叫，一只鹅不会叫，请问杀哪只？”主人说：“杀那只不会叫的。”

弟子向庄子问道：“昨天山里的树因为不成材而得以终其天年，现在这位主人的鹅却因为不成材而被杀死，先生您将在成材与不成材这两者间处于哪一边呢？”

庄子笑着说道："我将处于成材与不成材之间。成材与不成材之间，似乎是合适的位置，其实不然，所以还是免不了遭到祸害。如果遵循道德行事，就不是这样了：既没有美誉，也没有毁辱，时而为龙，时而为蛇，随时势而变化，而不肯专为一物；时而上，时而下，以顺应自然为准则，在万物的原始状态中漫游，主宰万物而不被万物所役使，那么怎么会遭到灾祸呢？这就是神农、黄帝所取法的处世原则。至于万物之情、人伦相传之道，就不是这样了。成功了就会毁坏，强大了就会衰微，锋利了就会缺损，尊贵了就会被倾覆，直了就会弯曲，聚合了就会分散，受到爱惜就会被废弃，智谋多了就会受人算计，不贤德就会受人欺辱。怎么可以偏执一方而加以依仗呢？"

庄子认为，人是从自然物质发展变化而来的，"大自然给我形体，用生使我操劳，用老使我清闲，用死使我安息。所以称善我生存的，也同样称善我的死亡"。人死去只不过是人又恢复到自然物质状态罢了，因此不应该对人的离世表示悲哀。他认为人应该安时而处顺，不要计较寿夭、死生、存亡、贫富、毁誉等。因为这种种人生遭遇不能完全由自己掌握，而只能听天由命。因此，庄子认为只要精神上得到超脱，不陷于现实世界的对立矛盾中，便能在任何境遇中自得其乐。

据记载，庄子相濡以沫的妻子去世后，家人非常悲痛。他的好友惠施得知后，便面带悲悯之色很严肃地前去吊唁。到了灵堂，他看到庄子正若无其事地坐守在棺材旁边，两腿撮箕似的呈"八"字张开，手拍瓦盆伴奏，放声歌唱，毫无悲痛之情。庄子看见惠施吊丧来了，也不招呼，仍唱他的。惠施说："伉俪多年，同床共枕，她为你养儿成人，自己送走青春，老了，死了。你看得淡，不哭也行，可你，唉，竟然敲盆唱歌。你不感到做得太过分了吗？"

庄子说："你说错了。我也是人啊，哪能不悲伤。但我不能一味地受感情支配，还得冷静地想想呀。我想起从前，那时她未生，不成其为生命。更早些呢，不但不成其为生命，连胚胎也未成。更早些呢，不但未成胚胎，连魂气也没有。后来恍恍惚惚之际，阴阳二气交配，变成一缕魂气。再后来呢，魂气变成一块魄体，于是有了胚胎。再后来呢，胚胎变成幼婴，她生下来，成为独立生命。生命经历了种种苦难，又最终死亡。回顾她的一生，我联想到春夏秋冬时序的演变，多么相似啊。现在她即将从我家小屋迁往天地大屋，坦然安卧。我不唱歌欢送，倒去嗷嗷哭送，那就太不懂得生命原理了。这样一想，我便节哀，敲盆唱起歌来。”惠施听了他的一番高论后，将一袋赙金放入瓦盆，暗自骂了一句“活见鬼”，便告辞而去。

（3）政治思想

政治主张上，庄子和儒、墨有很大的不同，儒家、墨家推崇圣人，而道家则反对推崇圣贤。庄子认为：“世俗之所谓知者，有不为大盗积者乎？所谓圣者，有不为大盗守者乎？何以知其然邪？……田成子一旦杀齐君而盗其国，所盗者岂独其国邪？并与其圣知之法而盗之。故田成子有乎盗贼之名，而身处尧舜之安，小国不敢非，大国不敢诛，十二世有齐国。则是不乃窃齐国，并与其圣知之法，以守其盗贼之身乎？”“圣人生而大盗起。”“圣人已死，则大盗不起，天下平而无故矣。”“窃钩者诛，窃国者为诸侯，诸侯之门而仁义存焉。”“绝圣弃知，大盗乃止。擿玉毁珠，小盗不起；焚符破玺，而民朴鄙；掊斗折衡，而民不争。”搞乱六律，销毁竽、瑟，塞住师旷的耳朵，天下人才内敛其聪慧；消灭文饰，拆散五彩，粘住离朱的眼睛，天下的人才内藏他们的明敏。毁坏钩绳，抛弃规矩，折断工倕的手指，天下人才隐匿他们的技巧。铲除曾参、史鱼的行为，封住杨朱、墨翟的口舌，排斥仁义，天下人的德性才能达到玄同齐一的境地。世人的明慧、聪敏、知巧、德性，都内含而不炫耀于世，天下就不会迷乱、邪僻了。庄子反对“人为”，理想的社会是所谓“至德之世”。此外，庄子还反对儒家的等级观念，认为“道通为一”，道在万物，万物平等。

（4）文学贡献

庄子不但是中国哲学史上一位著名的思想家，而且是中国文学史上一位杰出的文学家。无论在哲学思想方面，还是文学语言方面，他都给予中国历代的思想家和文学家以深刻的、巨大的影响，在中国思想史、文学史上都有极重要的地位。

庄子擅长散文，《逍遥游》《齐物论》《养生主》等都是庄子散文中的名篇。他的散文在先秦诸子中独具风格，大量采用虚构的寓言故事，内容丰富，想象奇特，形象生动。此外，还善于运用各种譬喻，大至日月星辰、天文地理，小到鸟兽虫鱼、人情世故，无所不至。他的文笔气势磅礴，辽阔浩瀚，笔锋犀利，睿智深刻。余秋雨说："文学的起点和终点都是寓言。庄子的寓言与一般童话中的寓言不同，一上来就表现出一种仰天俯地的哲学规模。""他最杰出之处，是用极富想象力的寓言，讲述了一个又一个令人难忘的故事，而在这些寓言故事中，都有一系列鲜明的艺术形象。这一下，他就成了那个思想巨人时代的异类，一个充满哲思的文学家。……此后历史上一切有文学才华的学人，都不会不黏上庄子。……没有人会不喜欢他讲的那些寓言故事，没有人会不喜欢他与南天北海融为一体的自由精神，没有人会不喜欢他时而巨鸟、时而大鱼、时而飞蝶的想象空间。"

庄子的散文充满浪漫主义风格，给人以超凡脱俗与崇高美妙的感受，在我国的文学史上独树一帜，赢得无数文人学士的仰慕。司马迁称赞他"善属书离辞，指事类情，用剽剥儒墨，虽当世宿学，不能自解免也"。苏东坡称庄文"如行云流水，初无定质，但常行于所当行，常止于所不可不止，文理自然，姿态横生"；"昔吾有见，口未能言。今见是书，得吾心矣"。鲁迅称庄文："汪洋辟阖，仪态万方，晚周诸子之中，莫能先也。"金岳霖认为："也许应该把庄子看成大诗人甚于大哲学家。他的哲学用诗意盎然的散文写出，充满赏心悦目的寓言，颂扬一种崇高的人生理想。"

庄子的思想和主张与他所处的时代有很大关系。面对征战不断、百姓流离失所的社会现实，他试图找到摆脱苦难的办法。他痛斥列国诸侯君主利用仁义危害百姓，"窃钩者诛，窃国者为诸侯。"他在批评儒家学说的同时，大力推崇无为之治，把道家思想发展到新的阶段。

第二章 秦汉时期

一、王侯将相宁有种乎：陈胜

陈胜（？—前208），字涉，战国时期楚国阳城县（今河南驻马店市平舆县阳城乡）人。我国封建社会第一次农民大起义的首领之一，与吴广在大泽乡（今安徽宿州西南）率领赴边戍卒起兵反对秦王朝的残暴统治，成为反秦义军的首倡者。不久在陈县（今河南淮阳）称王，建立“张楚”政权。后起义受挫，遭叛变的车夫杀害。

1. 首义大泽乡

秦朝建立后，为了巩固封建统治，横征暴敛，赋役沉重，大兴土木，老百姓生活在水深火热之中，苦不堪言。秦始皇死后，秦二世胡亥继位，秦朝的统治更加残暴，苛政暴行，使得民不聊生，百姓怨声载道，阶级矛盾日益尖锐，反抗斗争此起彼伏，秦王朝统治处于风雨飘摇之中。

年轻气盛的陈胜不甘心受到秦朝政府的残暴统治和剥削奴役，对那些和自己命运相同的下层老百姓非常同情，对秦王朝的残酷统治十分不满，反秦情绪积满心中。当时，身无半分土地的陈胜，为了生存，只得给本地地主做短工。短工的生活更加艰难，不仅劳作繁重，而且还要忍受雇主的无情压榨和奴役。现实的不平等更加激起陈胜的不满，改变命运的决心犹如一团烈火在他胸中燃烧。有一天，陈胜和一群雇工劳作之余坐在田间休息，失意惆怅了很长时间，就对一起耕田的伙伴们说：“以后如果有谁富贵了，可别忘了一块吃苦受累的穷兄弟。”大伙听了他没头没脑的话，都觉得好笑，就苦笑着对他说：“咱们这些穷光蛋都是卖力气给人家种田，混口饭吃，哪儿来的富贵？”陈胜听了同伴的话，长叹一口气说：“唉！燕雀哪能知道鸿鹄的远大志向啊！”

秦二世元年（前209）七月，秦朝政府为了抵御北方少数民族的侵扰，在全国各地大举征兵去渔阳（今北京市密云西南）戍守，陈胜和吴广也在征发的队伍中，并分别被任命为带队的屯长。他们和其他九百多名穷苦农民在秦政府官吏押送下，日夜兼程赶往渔阳。当他们走到淮河岸边的蕲县大泽乡（今安徽宿州西寺坡乡）时，时值夏季，当地连天大雨下个不停，前行的道路被洪水阻断，加之戍卒们行路多天也疲惫至极，不可能在政府规定的时间内按时抵达目的地。按照秦朝的法律规定，凡是被征戍边兵丁，如果不按时到达指定地点，一律处斩。大家伙眼看抵达渔阳的期限将近，急得像热锅上的蚂蚁，不知如何是好。

在生死存亡的危急关头，早就对秦朝政府统治心怀不满的陈胜等人不甘心就此被杀，毅然决定起义。一天夜里，陈胜悄悄找另一位屯长吴广商议。同是穷苦出身的吴广对秦朝统治也早已不满。所以他们虽然结识不久，但早已是无话不谈的朋友。陈胜对吴广说：“这儿离渔阳还有上千里路程，连天大雨阻断道路，看来不能按期抵达渔阳了。我们现在的处境，去也是送死，逃亡被抓回来也是死，与其都是死，还不如选择为国家而死，轰轰烈烈地干一番大事业。”

陈胜接着又对时局进行了分析：“当今天下人已经苦于秦王朝统治很久了，老百姓对秦王朝的苛捐赋税、募役刑罚已经到了难以忍受的程度。整个社会如同一堆干柴，我们何不趁机点燃一把火呢？我听说当今皇帝胡亥是秦始皇的小儿子，本不应继位，该继位的是大儿子扶苏。由于扶苏比较贤能，多次向他的父亲劝谏而遭到嫉恨，被秦始皇派遣到北方领军戍防。后来被残暴的胡亥无故杀害了。项燕原来是楚国名将，战功卓著，又爱护士兵，很受人爱戴。现在老百姓并不知道这两个人是生是死，如果我们现在假冒扶苏和项燕二人，为天下受苦人带个头，号召他们起来推翻秦朝的统治，应该会有很多人响应我们的。”吴广听了陈胜的分析，非常支持陈胜“举大计”起义的决定。

但是，当时的秦王朝虽然统治残暴，但是国力还是比较强盛的，庞大的政府军队经过多年的战争，作战经验丰富，再加上朝廷一贯实行的严刑峻法，号召老百姓起来推翻秦朝统治谈何容易。陈胜和吴广经过深思熟虑，决定首先从抓住人心方面入手，树立权威。

陈胜和吴广经过一番谋划后，专门找了一个算卦的人就起义一事卜问吉凶。算卦的人得知他们的用意后便说：“你们的事业能成功，且能为百姓立大功。你们还是把事情向鬼神卜问一下吧。”陈胜、吴广听后非常高兴，并从算卦人的话中悟出了借鬼神“威众”的启示。于是，他们就用朱砂在一块绸帕上写了“陈胜王”三个大字，偷偷塞到渔民捕来的鱼肚子里。戎卒们买鱼回来烹食，发现了鱼肚子里的“丹书”，都感觉莫名的惊奇，觉得陈胜可能不是一般的人物，顿时心生敬意。随后的一天夜里，陈胜又让吴广潜伏到营地附近的一座荒庙里，在寺庙旁点燃篝火装作鬼火，并且模仿狐狸声音，大声连续呼喊“大楚兴，陈胜王！”怪异的声音惊醒了睡梦中的戎卒们，大家十分惊恐。第二天天亮，惊恐万状的戎卒们纷纷窃窃私语，都看着陈胜指指点点，更觉得他一定是个非同寻常的人物。陈胜平时对待戍卒们热情和气，很多人都愿意听他调遣，现在又把陈胜跟楚国复兴联系在一起，陈胜在戍卒们心中的威望无形中更加提高了。

经过精心准备，一天，吴广见时机基本成熟，于是趁两个押送戍卒的官兵喝醉，故意扬言逃跑，以激怒他们。喝得醉醺醺的两个官兵果然大怒，一边责骂一边用鞭子抽打吴广。果然，秦吏的暴行引起戍卒们不满，众人群起而攻之。吴广奋起夺下一名官兵的佩剑将其杀死，与此同时，陈胜也乘势杀了另外一名官兵。

随后，陈胜把所有戍卒召集在一起，大声说道：“各位苦难的兄弟，现在我们在这里遇上了连天大雨，已经延误了报到期限。按照法律规定，误了期限大家都要被斩杀。即便侥幸不被砍头，戍守边塞也是生死未卜，十分之六七的人也要送命。连天大雨阻断道路就是上天给我们的旨意，我们不可错过。更何况大丈夫不死便罢，要死就要留下举世的大名声啊！王侯将相哪个生来就是贵种啊？”陈胜铿锵有力的一番话，说出了大伙的心声，戍卒们对秦王朝的满腔怨恨和愤怒如同溃堤的洪水奔泻而出，齐声高呼：“干吧，我们愿听从您的号令！”于是他们便以公子扶苏和楚将项燕的名义举兵起义。九百多名戍卒在陈胜、吴广带领下，袒露右臂作为标志，砍下押解他们的官兵的头当作祭品，筑坛盟誓，按事先谋划，宣布起义。我国封建社会历史上第一次大规模的农民起义战争爆发了。

2. 建立张楚政权

起义发动后，陈胜自立为将军，以吴广为都尉，率领起义军一举攻下大泽乡，接着又迅速攻下蕲县县城。针对秦王朝的残暴统治，陈胜、吴广提出了“伐无道，诛暴秦”的口号，把斗争矛头直接指向残暴的秦王朝，因此得到了附近饱受秦王朝暴政之苦的广大老百姓的积极响应，蕲县附近的老百姓纷纷“斩木为兵，揭竿为旗”，加入起义队伍。在陈胜、吴广率领下，不到一个月，起义军又连续攻占了安徽、河南两省交界的大片地区，星星之火终成燎原之势。

起义军控制了安徽、河南交界的大片地区后，为了扩大战果，决定进攻当时的战略要地陈县（今河南淮阳）。秦灭六国后，把陈县定为郡治，战略地位十分重要。起义军如果能攻下陈县，对秦王朝的统治无疑是个重大打击。于是，陈胜率领起义军直逼陈县。这时起义军已拥有战车六七百乘，骑兵一千多人，步卒数万之众。起义军围城之前，当地郡守和县令早就弃城逃走，只留下郡丞（郡守副职）龟缩城内，负隅顽抗。守城秦军在起义军的强大攻势下，很快土崩瓦解。起义军杀了郡丞，浩浩荡荡开进陈县县城。

陈胜占领陈县后，当即召集掌管当地教化的官员和其他有声望的人共商大计。这些人虽不是来自农民阶级，但他们也都目睹、亲历了秦朝的残酷统治，特别是看到了陈胜率领起义军在短短一个月的时间里就连续攻陷秦政府管辖的大片地方，对陈胜也十分敬重，纷纷建议陈胜尽快称王，建立政权。他们对陈胜说：“将军您身披坚固的铠甲、手执锐利的武器，讨伐无道昏君，铲除残暴的秦朝政府，重新建立楚国，论功绩应该称王。”陈胜听了他们的话，果断地做出了称王立国的决定，就以陈县为都城，号为“张楚”，即张大楚国之意，建立了我国历史上第一个农民阶级革命政权。

3. 西进受挫

陈胜、吴广起义的前后，全国其他地方也相继爆发了规模不等的反秦起义。“张楚”政权的建立，在很大程度上推动了全国各地反秦斗争的浪潮，高高飘扬的“张楚”大旗显示了巨大的号召力，成为广大农民群众反秦起义中心的标志。各地老百姓纷纷以“张楚”军为名，“数千人为聚者，不可胜数”，农民起义的烈火燃遍全国。在农民革命洪流的推动下，一些秦朝统一前的六国贵族残余势力也纷纷收罗旧部，起兵反秦，脱离秦王朝的统治。

面对日益高涨的反秦斗争形势，为了扩大战果，陈胜在吴广及其他农民政权成员的协助下，进一步谋划战略部署，确定了“主力西征，偏师略地”，最后推翻秦朝统治的总体战略。他任命吴广为假王（副王），率领起义军主力向西进攻荥阳，取道函谷关，打开秦王朝的东大门，直捣秦朝都城咸阳。同时命令部属宋留率军南下进攻南阳，入武关，进而迂回攻击关中。随后又任命武臣、邓宗、周市、召平等为将军，分别北上渡黄河，进攻原赵国地区（今山西北部、河北西南部），向南攻取九江郡，深入淮南地区；进攻广陵（今江苏扬州市北）、魏国旧地（今河南东北部接连山西西南部），攻取长江下游、黄河以南大梁（今河南开封）等地区。一时间，反秦斗争的烈火燃遍了大江南北和黄河两岸。各路起义军勇猛作战，所向披靡，农民起义斗争达到了高潮。

然而，让陈胜没料到的是，吴广率领起义军主力西进进攻荥阳很不顺利。荥阳是中原地区通向秦王朝统治中心关中的重要通道，秦王朝不仅在该地驻扎重兵，而且还囤积大量的粮草。吴广率领起义军主力多次进攻都没有成功。当吴广攻取荥阳受挫的消息传回陈县，陈胜十分着急。为确保既定战略意图的实现，陈胜当即任命周文为将军率兵向西进攻秦军，利用吴广大军牵制秦军主力的时机，绕过荥阳，直取函谷关。

周文率部一路斩关夺隘，势如破竹，一直打到离秦都咸阳仅百余里的戏地（今陕西临潼境内）。起义军所到之处，百姓无不奋起响应，纷纷加入起义军队伍，起义军力量不断扩大，当时已拥有战车千乘，士兵数十万人。

骄奢淫逸的秦二世胡亥听说农民起义军逼近咸阳，顿时如晴天霹雳，大惊失色。慌乱之余，他在章邯的建议下赦免了在骊山陵服役的几十万刑徒，任命章邯为将军，临时组编军队阻击起义军。

周文率领的农民起义军被突如其来的几十万秦军打了个措手不及，功败垂成，退出关中。最后，坚强不屈的周文在无粮无援的情况下，又率部与秦军激战十多天，最后因寡不敌众，拔剑自刎。

周文大军失败后，气焰嚣张的章邯率领秦军继续东进，围攻荥阳的吴广队伍面临腹背受敌的危险。这时，起义军内部出现了不稳定的情况，将领田臧由于平时与吴广意见不合，与部下一起假借陈胜的命令杀害了吴广。最终，由于内讧，这支起义军部队在秦军的进攻之下全军覆没。

4. 陈胜遇害

吴广被杀，起义军西进攻秦受挫，反秦斗争形势开始逆转，农民起义军内部的弱点和矛盾也随之逐渐暴露出来。

一方面，陈胜称王后，他的思想逐渐发生演变，进取心减退。他把早年做短工佣耕时候所说的“苟富贵，无相忘”的誓言早抛到了九霄云外，与广大下层老百姓的关系日益疏远，在起义军队伍中逐渐建立起等级制度。早先和陈胜一起给地主种田的一个同乡听说他做了王出人头地了，特意从老家来陈县找他，敲了半天门也没人搭理。直到陈胜外出，同乡拦路呼喊他的小名，才被召见。同乡凭借自己是陈胜的故友，所以进进出出比较随便，有时也不免在众人中讲讲陈胜在家乡的一些过往旧事。不久有部下对陈胜说：“您这位老乡愚昧无知，专门胡言乱语，这样下去恐怕会有损您的威严，对您非常不利。”陈胜听了十分羞恼，不假思索地下令把“妄言”的同乡杀了。杀害同乡的事件发生后，陈胜所有的老熟人都相继离开了他，起义军力量大为削弱。

另一方面，随着反秦斗争的开展，农民起义军队伍内部的离心倾向也在滋生和蔓延，部分起义军将领骄奢淫逸，享乐思想在起义军队伍中泛滥开来。

陈胜派往各地的将领各有自己的小算盘，争相称王，起义军内部出现分裂。如被陈胜派遣北征的武臣在进入赵国故地后就自立为赵王，蜕变为割据军阀。韩广在攻略燕地后也自立为燕王。与此同时，先前群起响应的各地英豪也不再听陈胜指挥，直接孤立了作为反秦主力的陈胜“张楚”政权，给了秦军反扑的机会。

秦军将领章邯解除了农民起义军对荥阳的包围后，当即倾全力进攻“张楚”政权的都城陈县。秦二世二年（前208）十二月，陈胜亲率农民军将士与秦军展开激战。陈胜率领的农民起义军虽奋力拼搏，终究未能挽回败局，起义军退至下城父（今安徽蒙城西北）。在撤退的途中，陈胜被自己的车夫庄贾杀害。

陈胜被害，激起了其旧时侍从、将军吕臣的极大悲愤。他在新阳（今安徽界首北）重举义旗，组建“苍头军”，继续与秦军进行战斗，从秦军手中夺回陈县，处死了投降秦军的叛徒庄贾，重新竖起“张楚”大旗。原先奉命东下发展的部将召平，也假借陈胜名义，拜原楚国名将项燕的儿子项梁为上柱国，使之渡过乌江，西上进攻秦王朝。反秦斗争再次恢复生机。公元前206年，刘邦领导的农民起义军终于攻占了秦朝都城咸阳，残暴的秦王朝被风起云涌的农民起义军推翻，我国历史上第一次大规模农民战争最终取得了胜利。

陈胜、吴广起义是我国封建社会历史上第一次大规模的农民起义，张楚政权也是我国历史上第一个农民阶级政权。陈胜从谋划起义，到称王立国，再到兵败被害，虽然前后不过半年时间，但他点燃的农民阶级反秦烈火烧红了大半个中国，从根本上动摇了秦王朝的统治基础，“陈胜虽已死，其所置遣侯王将相竟亡秦，由涉首事也”。陈胜倡义天下、反抗暴政的英雄气概，永远值得人们尊敬和爱戴。

二、大汉天子：刘邦

英国著名历史学家约瑟·汤恩比曾说：“人类历史上最有远见、对后世影响最大的两位政治人物，一位是开创罗马帝国的恺撒，另一位便是创建大汉文明的汉太祖刘邦。恺撒未能目睹罗马帝国的建立以及文明的兴起，便不幸遇刺身亡，而刘邦却亲手缔造了一个昌盛的时期，并以其极富远见的领导才能，为人类历史开创了新纪元！”

刘邦（前256—前195），秦末沛丰邑中阳里人（今江苏沛县），西汉王朝开国皇帝。公元前202年即皇帝位，定都长安，史称西汉。公元前195年，刘邦在讨伐英布叛乱时中箭受伤，不久去世，庙号“太祖”，谥号“高皇帝”。刘邦是一个有着典型意义的皇帝——平民出身，诛杀功臣，封藩宗亲，犹疑太子，后宫遗患……为此，毛泽东曾评价他是“封建皇帝里边最厉害的一个”。

1. 泗水亭长

刘邦出生于沛丰邑中阳里一个普通的农户家庭。刘家世代务农，加上这家主人刘太公夫妇能吃苦耐劳，所以生活虽然艰难，依靠祖上留下来的产业，却也过着自给自足的日子。关于刘邦的出生，司马迁在《史记·高祖本纪》记载：他的母亲刘媪有一次在村边水塘堤坝上睡着了，梦中与天神不期而遇。当时雷电交加，天空阴暗一片，他的父亲刘太公前往塘坝接应，远远看见一条蛟龙蟠于妻子身上。刘媪回家后不久就怀孕了，生下了一个男婴。因为排行第三，就起名刘季。这个刘季，便是后来当了汉朝开国皇帝的刘邦。这个离奇的故事估计是在刘邦当了皇帝之后杜撰出来的。

据文献记载，年轻时候的刘邦貌相出众，高高的鼻梁，龙形的额头，漂亮的胡须，左腿上有七十二颗黑痣。睡觉的时候，总有一条金龙护罩全身，让人不敢逼视。真是赫赫君主相，堂堂帝王容。他性格开朗，宽厚爱人，心胸开阔，不拘小节，待人接物比较和气。刘邦的父亲刘太公，有着中国普通农民质朴憨厚的典型性格。为人勤俭，持家有方。农忙时节下田种地，农闲时间还做点小生意。然而，成年后的刘邦非常讨厌下地干农活，认为从事田间劳作没有出息，经常到本地酒店赊酒喝，往往一醉不起，所以常常被父亲训斥，说他不如自己的哥哥会过日子。村里人也都认为刘邦整日游手好闲，没有大志，不能干活，没有收入，简直就是个无赖。但刘邦置家人和村民的指责于不顾，依然我行我素，仍然不愿意从事农事劳动，整天东走西逛，到附近酒店赊酒喝，经常喝得酩酊大醉。有一段时间刘邦很羡慕魏公子信陵君无忌的为人，很想投入信陵君门下做个门客。于是他离家西行到大梁，但信陵君早已去世，刘邦在外面晃荡几年后不得不回到家乡。

在外面闯荡多年的刘邦增长了许多见识，眼界也开阔了许多。公元前 224 年，秦王嬴政派大将军王翦攻灭楚国，在沛地设立泗水郡。由于刘邦阅历丰富，见多识广，回到家乡后不久就在别人的举荐下做了沛县泗水的亭长，主要职责是负责捕捉盗贼，维护地方治安事务。时间长了，刘邦和沛县衙门中的下层官吏萧何、曹参等人混得很熟，在当地也小有名气。虽然只是个小小的亭长，但是刘邦的志向很远大。他让手下到邻县用竹子皮为他制作了一顶帽子，经常戴着，直到他显贵时还经常戴在头上，这就是所谓的“刘氏冠”。一次，他送服役的人去咸阳，在路上碰到秦始皇率领大队人马巡游。巡游队伍前看不到头，后看不到尾，彩旗招展，色彩缤纷。此情此景让刘邦羡慕得不得了，不由得脱口而出说：“大丈夫就应该有这样的威风啊！”

2. 起义反秦

秦朝末年，秦王朝统治者一方面实行暴政统治，另一方面大兴土木修筑各种浩大的工程，从全国各地征集百姓，赋税与徭役十分沉重，社会矛盾非常尖锐。公元前 209 年，秦末农民起义爆发，陈胜、吴广率领起义军攻占了陈县以后，建立了“张楚”政权，和秦朝公开对立。

陈胜、吴广反秦起义爆发后，全国各地纷纷响应。不安分的刘邦认为机会来了，他联合沛县官吏萧何和曹参，召集了数千民众，杀了沛县县令，宣布起义反秦，随即占领了沛县。

刘邦占领沛县后，立即开始攻略周边郡县。此时，秦末农民战争中还有一支强大的力量，就是原来楚国贵族的后代项梁和项羽。他们在东南的吴中（现在的江苏苏州）起兵，兵力很快达到了万人。刘邦听说后，于是率部投靠项梁，成为项梁手下一员大将。

陈胜牺牲后，项梁采纳谋士范增的建议，拥立战国时楚怀王的孙子为楚王，仍号楚怀王，定都盱眙。不久，项梁战死。楚怀王把都城由盱眙迁至彭城，并封项羽为长安侯，任鲁公；封刘邦为武安侯，任砀郡长，所率领的队伍驻扎砀郡。

3. 入关灭秦

公元前 207 年，秦军主将章邯进攻脱离秦朝统治的赵国，赵王派使者向楚国求救。楚怀王经过商议后答应救赵。为了分散秦军力量，楚怀王决定派一支部队西进直接攻秦。北路援助赵国的楚军以宋义为主将、项羽为副将，西进攻秦的楚军以刘邦为主将。两路大军出发前约定谁先入关中，谁就是关中王。

刘邦率领队伍由砀郡出兵西进，在成阳大败秦军，很快进至武关（现在的陕西丹凤县武关镇）东。刘邦在张良建议下，派遣谋士郦食其、陆贾游说武关秦将投降，然后袭击武关秦将，夺取武关。随后，刘邦一面率军西进，一面派遣部将攻取了秦的汉中、巴、蜀等地。

不久，刘邦所部进至秦都咸阳附近的蓝田。秦朝政府组织了所有的兵力与刘邦军队在蓝田进行决战，结果秦军大败。汉元年（前 206）十月，秦王子婴亲率文武百官向刘邦献上了传国玉玺，秦朝至此灭亡。刘邦率军进入咸阳后听从张良的建议退到了灞上。

刘邦到达灞上之后，便召集当地的名士，对他们说："百姓忍受秦苛法之苦很久了，诽谤者遭到屠杀，偶语者被处死于街头。我与诸侯约定，先入关的人称王，我应该在关中为王。与父老乡亲约法三章：杀人者死，伤人及抢盗的抵罪。其他秦朝的苛刻法制一律废除。官吏百姓以前的情况不变。我入关的目的，是为百姓除害，不是为了掠夺施暴，大家不要害怕！我之所以驻军灞上，是为了等诸侯到来再做约定。"于是派人与秦朝官吏一起到县、乡、邑各地安抚老百姓。秦地百姓大喜，纷纷带着牛羊酒食犒劳官兵。

4. 鸿门脱险

项羽率领北路楚军在巨鹿大败章邯后，也领兵直奔关中而来。项羽谋士范增劝项羽趁机除掉刘邦。刘邦得知项羽准备攻击自己的部队后，十分着急。他在张良的引见下和项羽叔叔项伯结成亲家，然后在项伯的建议下带着樊哙、张良和百余名精锐亲兵前往项羽的军营鸿门，当面向项羽赔礼道歉。

到达项羽军营后，项羽请刘邦入内赴宴。宾主入座后，刘邦对项羽说："臣与将军合力攻秦，将军战于河北，臣战于河南，没想到会早一步入关，能破秦，与将军再次相见。如今有小人进谗言，使将军与臣之间产生误会。"项羽说："这都是你的左司马曹无伤说的，不然，我怎会如此。"

在酒宴上，项羽的谋士范增仍然想借机除掉刘邦，一再示意项羽趁机杀掉刘邦，但项羽犹豫不决，默然不应。接着，范增又召项羽的侄子项庄借舞剑为酒宴助兴为名，趁机杀掉刘邦。坐在一旁的项伯意识到项庄舞剑，意在杀害刘邦。为保护刘邦，项伯也拔剑与项庄对舞，趁机掩护刘邦。酒宴进行了一半，意识到危险的刘邦以去茅房方便为由，借故离开，迅速回到了自己的军营。

5. 楚汉之争

鸿门宴后，不可一世的项羽自称"西楚霸王"，掌握起义部队的最高统帅权。接着，项羽分封义军各路将军为王，刘邦被封为汉王，领地是巴、蜀和汉中，共四十一县，国都为南郑（现在的陕西南郑）。刘邦忍气吞声接受封号，领兵进入驻军的封地汉中。为了麻痹项羽，刘邦听从张良的计策烧毁栈道，以此表示再也无意东出。同年 11 月，刘邦乘机挥军东出，任命韩信为大将，明修栈道，暗度陈仓，重返关中，平定三秦，准备东出与项羽争天下，从而正式拉开了长达四年的楚汉战争的序幕。

公元前 205 年 5 月，刘邦率领诸侯联军一举攻占西楚都城彭城。不久，项羽率军反击夺回彭城。同年 6 月，刘邦率部退到荥阳，依托关中基地和有利地势与项羽长期抗争。同年冬，刘邦采用陈平反间计，使项羽怀疑范增，迫使范增怒而离开了项羽，项羽失去了重要的助手。

此时，项羽急于寻找汉军主力决战，但是由于刘邦拒不应战，项羽只得屯兵广武（今荥阳北），与刘邦形成对峙。对峙期间，刘邦历数项羽十大不仁不义的罪状。项羽大怒，用弩射伤刘邦。刘邦被弩射伤胸口，情急之中，却摸着脚说："奴虏射中了我的脚趾！"随即退入成皋。不久，韩信歼灭齐楚联军，完成对楚军侧翼的战略迂回，刘邦又派灌婴率军一部直奔彭城。项羽腹背受敌，兵疲粮尽，不得不与刘邦订盟，以鸿沟为界，中分天下，东归楚，西归汉。

楚、汉订盟后，刘邦本想退兵，张良、陈平劝阻说："如今汉有天下大半，诸侯又都归附于我，楚兵疲于奔波，这是天亡项羽之时，不乘机而消灭之，就是养虎为患啊！"提醒他应该趁势向项羽发动进攻。刘邦随即单方撕毁盟约，下令部队全力追击楚军。

公元前 202 年，刘邦组织各路汉军约计七十万人与楚军在垓下（现在安徽省固镇县境内）展开决战。经过决战，项羽楚军被汉军重重包围。韩信命汉军士卒夜里大声唱楚地的歌曲："人心都向楚，天下已属刘；韩信屯垓下，要斩霸王头！"楚军将士思乡厌战，军心瓦解。绝望中的项羽率部突围至乌江（今安徽省和县境内），最后全军覆没。项羽不愿被俘受辱，于是在乌江自刎而死。

6. 君临天下

公元前 202 年二月，刘邦在山东定陶汜水（今山东曹县北）举行登基大典，定国号为"汉"，是为汉高祖。不久，他根据娄敬建议，定都咸阳以东的长安（今陕西西安），取长治久安之意。

有一天，刘邦在洛阳南宫举行宴会，其间对群臣们说："通侯各将不应隐瞒我，都要讲实情。我能得到天下的原因是什么？项羽失去天下的原因又是什么？"有人回答说："陛下轻慢而对人不尊重，项羽仁爱而敬重人。但是陛下派人攻城略地，有所降服，给予赏赐，与将士同享利益。项羽妒贤嫉能，嫉妒有功的人，猜疑贤能的人，战胜者不表功，夺得地盘的不赏赐，这就是他失天下的原因。"刘邦说："你们只知其一，不知其二。运筹于帷幄之中，决胜于千里之外，我赶不上张子房；安定国家，安抚百姓，供应粮草，不绝于道，我赶不上萧何；统领百万大军，战必胜，攻必取，我不如韩信。三人都是人杰，我能任用，这就是我所以取天下的原因。项羽虽有一个谋士范增但没有好好任用，这是他被我打败的原因。”群臣听了都心悦诚服。

刘邦称帝后，为了巩固新生的大汉政权，在政治、经济等方面采取了一系列措施。政治上，加强中央集权，削弱地方势力。他相继平定了韩信、彭越、英布等异姓诸侯王的叛乱。对于原先六国的后裔，刘邦在谋士娄敬的建议下，将关东六国的强宗大族和豪杰名家、名门望族共十几万人全部迁到关中居住，置于中央控制之下，消除了后顾之忧。在中央，刘邦通过打击元老功臣萧何等措施，在削弱相权的同时将皇帝的权力大大加强。

经济上，实行休养生息政策，如减轻田租，什五税一。释放奴婢，让士兵复员归家，使他们从事生产劳作，以迅速恢复和提高国民经济。同时，大力发展农业，抑制打击唯利是图的商人及残余的奴隶主阶级。刘邦的措施使饱受战乱之苦的老百姓得以生息，民心得以凝聚，国家得以巩固。

汉高帝十二年四月二十五日（前 195 年 6 月 1 日），刘邦这个风流浪漫、放荡不羁、老谋深算，又具雄才大略的皇帝因在讨伐英布时受到箭伤不治，病死在长乐宫，享年六十二岁。

刘邦是我国历史上少有的杰出政治家，他不仅使四分五裂的中国真正统一起来，还逐渐把分崩离析的民心重新凝集起来。他在汉初制定的政策，不仅使饱受战乱的民众得以休养生息，还为我国封建社会的第一个盛世——“文景之治”的到来奠定了坚实的基础。毛泽东在评价历史人物的时候曾多次谈到刘邦：“刘邦是在封建时代被历史学家称为‘豁达大度，从谏如流’的英雄人物。刘邦同项羽打了好几年仗，结果刘邦胜了，项羽败了，不是偶然的。”“能够打败项羽，是因为刘邦和贵族出身的项羽不同，比较熟悉社会生活，了解人民心理。”“汉太祖刘邦比西楚霸王项羽强，他得天下一因决策对头，二因用人得当。”“项王非政治家，汉王则为一位高明的政治家。”

三、“西汉开国第一侯”：萧何

宋代诗人徐钧在一首诗中写道：“相国人夸佐沛公，收图运饷守关中。不知用蜀为根本，此是兴王第一功。”诗中的“相国”就是指“汉初三杰”之一、“西汉开国第一侯”萧何。

萧何（前257—前193），泗水沛（今江苏沛丰）人。汉高祖刘邦谋士、辅臣，封相国。萧何早年任秦沛县县吏，秦末辅佐刘邦起义，在西汉王朝建立过程中起了重要作用。惠帝二年（前193）七月去世，谥号“文终侯”。司马迁在《史记》中称他为“位冠群臣，声施后世”。

1. 秦吏反秦

萧何年轻时因通晓法令、善写文章和善于处理繁杂的事务而任沛县县令的功曹掾。他平时勤奋好学，思想机敏。日常生活中比较勤俭节约，从不奢侈浪费。同时，他虽然身为官府成员，但是性格随和，喜欢与社会上各类人员结交，因此结交了许多好朋友，其中就包括县属泗水亭亭长刘邦。他见刘邦器宇轩昂，风骨不凡，谈吐也有别于众人，是大贵之相，因此对他格外佩服。一次，刘邦奉命押送一批囚犯赴骊山修秦始皇陵，才出县境不远，便逃跑了许多人。刘邦既无法追赶，又禁止不住。当行至丰乡大泽时，刘邦索性把所有囚犯都放跑了，自己则与十多个死心塌地愿与他生死相随的囚犯逃到芒、砀二山之间蛰居避难。沛县县令得知后十分恼火，遣人拘拿刘邦妻子吕雉入狱，后在萧何与曹参二人保释之下才免除牢狱之灾。

公元前209年七月，陈胜、吴广率领戍卒在大泽乡揭竿而起，举起了反秦的大旗，各地英雄豪杰云集响应。许多地方官吏也感到秦朝的暴政统治不能长久，于是也纷纷反叛朝廷，归附义军，保全自己。沛县县令眼看反秦起义烽火遍地，生怕丢了脑袋，于是找来萧何、曹参等人，秘商起兵之事。萧何建议道："你是秦朝官吏，沛县百姓恐难听你的话，欲图大事，非把逃亡的豪杰请回来不可。"建议县令召回刘邦等人赦罪录用。于是，县令便派人去芒砀山找回刘邦，共同起义。不料，当刘邦带领部属回到沛县后，县令见刘邦人多势众，担心自己操纵不了这支队伍，又反悔了，将刘邦拒之城外，并将萧何等人抓了起来，押入监内。刘邦得知城中有变，就下令部属将沛县县城团团围住，准备攻城起义。

不久，萧何、曹参等人趁看守不备越狱逃到城外与刘邦会合。刘邦大喜，三人商议一番后，刘邦写了一封告沛县父老书，用箭射入城内。书中说："天下百姓共同忍受秦苛政之苦已经很久了，如今父老兄弟们却在为县令守城。天下诸侯并起，马上就要攻破沛县城池了。如果沛城的百姓现在起来诛杀县令，响应诸侯，则家室能得以保全。否则，父子都将白白地惨遭杀戮。"沛县百姓看了刘邦的信，随即聚集起来攻入县衙，杀了县令，打开城门迎接刘邦。刘邦随即占领沛县县城，萧何也从此紧随刘邦南征北战，用自己的远见卓识辅佐刘邦建功立业。

2. 西征灭秦

公元前 208 年九月，楚国后人项梁、项羽叔侄举起反秦义旗，拥立楚王孙子熊心为王，并与刘邦所部会于薛城。众人约定：项羽北向救赵，解巨鹿之围后，从北路向西攻秦，刘邦从南路西进向关中进发。两路人马在击败秦军后，谁先入秦都咸阳，谁就当关中王。

刘邦在张良、萧何等人的谋划和辅佐下率军勇往直前，一路夺关斩将，直抵关中。公元前 206 年十月，秦王子婴向刘邦投降，献出玉玺。

跟随起义部队进入都城咸阳的萧何将秦朝有关国家户籍、地形、法令等图书档案一一进行清查，分门别类，登记造册，统统收藏起来，留待日后查用。对此，全军上下无不佩服萧何的深谋远虑。后来的事实证明，萧何所收藏的秦朝政府的律令等图书档案，使刘邦对天下的关塞险要、户口多寡、强弱形势、风俗民情等了如指掌，为制定正确的战略方针政策和律令制度找到了可靠的根据，为西汉政权的建立和巩固，起到了巨大的作用，功不可没。

3. 夜追韩信

韩信原是项羽的部下，他有勇有谋，是天下无双的军事人才。但在项羽手下得不到重用，于是就投到刘邦麾下。起初，刘邦并没有看重韩信，只让他当了一个管理粮草的小官，韩信大失所望。一次偶然的机会，萧何结识了韩信。在接触过程中，萧何发现韩信有胆有识，是个不可多得的人才，于是多次向刘邦推荐，但并没有引起刘邦的重视。

一天，韩信一气之下离开了汉营。萧何得知后，马上放下尚未处理完的公务，连个招呼也来不及向刘邦打，亲自策马前往追赶韩信。

萧何不辞辛苦，一直追到一条小河边，还没追着韩信。这时天黑了下来，萧何正想下马休息一下，忽然望见有个人牵着马在不远处徘徊。萧何估计是韩信，立即一边连呼韩信的名字一边策马赶了过去。到了跟前，他气呼呼地说："韩将军，咱们总算一见如故，够得上是朋友。你怎么不说一声，就这么走了？"

韩信仍不吭声。萧何又说了一大堆劝他回去的话。这时候，滕公夏侯婴也策马赶到。两个人苦苦地相求，非要韩信回去不可。他们说："要是大王再不听我们的劝告，那我们三个人一起走，好不好？"韩信只好跟着他们回去。

萧何去见刘邦，刘邦见到萧何又惊又怒，说道："你为什么也想逃跑？"萧何说："我不敢逃跑，我是去追逃跑的人了。"刘邦问他："你追的是谁？"萧何答道："韩信。"刘邦听后，很不以为然地说："逃走的将军有数十个了，也没听说你去追过谁，怎么偏要去追韩信？这明明是在骗我！"萧何说："那些将军都容易得到，可韩信是当今数一数二的杰出人才，跑了就再也没有第二个了。大王如果只想当个汉中王，没有韩信也就算了；如果准备打天下，那就非用韩信不可。您到底准备怎么样？"

刘邦说："我当然想打出去，怎么能老困在这里呢？"萧何说："大王若决定出汉中，能重用韩信，他自然会留下；如果不重用他，他终究会离开的。"刘邦下决心说："就依着丞相，让他做个将军，怎么样？"萧何说："叫他做将军，他还得走。""那拜他为大将军怎么样？"萧何说："这应该差不多。"

刘邦当时就让萧何去召韩信来，马上就拜他为大将军。萧何直率地说：

“大王平时太不注重礼仪了。大王真要拜韩信为大将军，先得命人造起一座拜将台，选个好日子，大王还得沐浴更衣，亲自戒斋，然后隆重地举行拜将仪式。这样，才能让全体将士都能听从大将军的指挥，就像听从大王的指挥一样。”刘邦说：“好吧，我都听你的，请你去办吧。”

几天以后，汉王刘邦选择了良辰吉日，隆重举行仪式，拜韩信为大将军。后来，韩信果然没有辜负萧何的良苦用心，为刘邦平定天下建立汉朝立下汗马功劳。这就是“萧何月夜追韩信”的历史故事。

4. 留守巴蜀

公元前 206 年八月，刘邦采纳了张良、韩信所献的“明修栈道，暗度陈仓”之计，率军悄悄离开属地挥师东进，不到一个月便占据了三秦之地。刘邦令萧何坐镇关中，安抚百姓，同时负责兵员和粮饷的筹措与补给，自己则率大队人马浩浩荡荡地向彭城进发。

留守关中的萧何竭忠尽智，克勤克俭。他一方面重新建立已经散乱的统治秩序，另一方面对百姓施以恩惠，以定民心。他不仅颁布实施新法，重新建立汉的统治秩序和统治机构，修建宫廷、县城等。另外又开放了原来秦朝的皇家苑囿，让百姓耕种，赐给百姓爵位，减免租税等。由于萧何办事精明，施政有方，关中农业生产得到迅速恢复，为刘邦逐鹿中原提供了稳固的战略大后方。

公元前 205 年，刘邦与项羽在彭城（今江苏徐州）交战受挫退回荥阳。当时，萧何坐镇关中，征发兵卒，运送粮草，供应汉军；侍奉太子，制定法令规章，建立宗庙秩序。刘邦在前线数次失利大败，萧何每次都征发关中兵，及时补足汉军缺额，使得刘邦得以重新振作，转危为安。后来，刘邦越战越强，终于使项羽兵败垓下，自刎乌江。为此，周恩来总理曾说：“刘邦百战百败，却屡败屡起，靠的就是萧何为他当宰相，经营关中作他的根据地，要人有人，要钱有钱，要粮有粮。项羽百战百胜，却经不起一败；一败涂地，一败就亡，原因之一是没有萧何这样的宰相。”

5. 开国首功

消灭项羽、平定楚地后，诸侯联名给刘邦上劝进表，推举他为皇帝。刘邦称帝后，在洛阳大宴群臣。席间，刘邦问众人："你们都说实话，我为什么能够夺取天下？项羽又为什么会失去天下？"群臣众说不一。刘邦说："你们只知其一，不知其二。运筹于帷幄之中，决胜于千里之外，我不比子房（张良）；镇国家，抚百姓，供军需，给粮饷，我不比萧何；指挥百万大军，战必胜，攻必克，我不比韩信。这三个人都是人中豪杰，他们为我所用，所以我能取得天下。项羽只有一个范增还不去重用，因此败在我大汉朝的手中。"

在论功封赏时，刘邦因为萧何功劳最大，把他封为酂侯，得到的领地最多。一些功臣很不服气，纷纷说："我们亲自身披铠甲，手执兵器，多的打过一百多次仗，少的也经历了几十次战斗，攻城野战，夺取地盘，功劳有大有小。现在萧何没有汗马之劳，只是靠文字写作，提点建议，不参加作战，反而比我们得的封地多，这是为什么？"

刘邦问："各位知道打猎吗？"

大家说："知道。"

刘邦又接着问："知道猎狗的作用吗？"

大家说："知道。"

刘邦说："打猎的时候，追赶捕杀野兽靠的是狗，但发现野兽踪迹，向狗指示野兽所在之处的是人。现在你们各位只能捉到奔跑着的野兽，功劳的性质和猎狗相当；至于萧何，他能发现踪迹，指示方向，功劳的性质和猎人相当。况且你们只是自己跟随着我，多的一家有两三个人。现在萧何全家族几十个人都跟着我，他的功绩是不能忘掉的。"听了刘邦的一番分析，大家都不说话了。

诸侯分封完毕，接着是排位次。刘邦再次力排众议，把萧何排为第一，准许他穿鞋带剑上殿，并封了萧何的父子兄弟十多人，并加封萧何二千户。这样，萧何位列众卿之首，食邑万户，被称为"开国第一侯"。

6. 诛灭韩信

刘邦做了皇帝以后，为了巩固新兴的西汉政权，便开始逐一地剪灭异姓王的斗争。此时的韩信功高望重，且握有兵权，刘邦便决定首先从他身上下手。刘邦先是借巡游云梦泽之机，设计擒住韩信，并以谋杀罪将其押回京都，软禁起来，同时削去了韩信的兵权，将其降为只有虚名的淮阴侯。

公元前 197 年，阳夏侯陈豨举兵谋反，自立为王。刘邦亲率大军前去征讨。当时韩信推说自己有病，没有随同前往。谁知，韩信手下的人上书告发，说陈豨造反是韩信的主意，韩信与陈豨秘密约定，里应外合，由韩信做内应，准备在一天夜里，假传圣旨，释放囚在牢里的所有奴隶和犯人，杀掉吕后和皇太子刘盈，然后共取天下。吕后一听事关重大，便急忙秘密召见丞相萧何，商量对策。二人商定对策后，由萧何去执行。

萧何依计派人请韩信到自己的相府赴宴，谁知韩信自称有病，婉言谢绝了。于是，萧何只好以探病为由亲自来到韩信府上。萧何说："我和你向来是好朋友，请你赴宴，是有话对你说。"韩信忙问有什么话。萧何说："这几天皇上从赵地发来捷报，说征讨大军大获全胜，陈豨已经逃至匈奴。你称有病不上朝，已经引起人们的怀疑了。现在皇上打了胜仗，大家都去朝贺，你不去，这样恐怕不好吧。"

韩信见萧何说得很有道理，何况萧何还曾是他的保举之人，便深信不疑，立即跟着萧何来到皇宫向吕后道贺。韩信到了皇宫后，皇后吕雉随即喝令刀斧手将韩信捆绑起来。吕后尽数了韩信如何与陈豨暗约谋反，如何欲害她和太子等罪，也不容韩信申辩，便令刀斧手把他拖到殿旁钟室中杀死。这就是"成也萧何，败也萧何"一语的由来。

7. 萧规曹随

刘邦晚年，宫廷内部发生了一场废立太子的斗争。刘邦要废掉太子刘盈，改立刘邦宠爱的戚姬的儿子赵王刘如意为太子。只是由于萧何、张良等大臣的多次诤谏，刘邦才一直未做决定。

汉十二年（前 195）四月二十五日，刘邦病逝。同年，太子刘盈即位。

萧何继任丞相。公元前 193 年，年迈的萧何卧病不起。病危之际，汉惠帝亲自前往探望，并趁机询问：“丞相百年之后，谁可代之？”接着惠帝又问：“曹参如何？”萧何听了，挣扎起病体，向惠帝叩头，道：“陛下能得到曹参为相，我萧何即使死了，也没有什么遗憾了！”

萧何死后，曹参继任丞相，一切公务悉照旧章，照例而行，清静治民，乐在其中。这就是成语“萧规曹随”的来历。

太史公司马迁在评价萧何时说：“萧何相国在秦朝时担任文笔小官，庸庸碌碌，没有突出的作为。在汉朝兴起时，他依傍了天子的光辉。萧何为汉朝谨守关中这一家底，利用百姓痛恨秦朝法令的情况，顺应潮流，和他们一起革新政治。韩信、黥布等人都已经被诛杀，萧何的功勋就十分显耀了。他位置处于群臣之首，声望流传后世，他的功业可以和周文王时的闳夭、散宜生等人比高低了。”

四、“谋圣”：张良

在陕西汉中紫柏山东南脚下有座张良庙，2006 年 5 月被国务院批准为第六批中国重点文物保护单位。庙里有这样一副对联，上联是“掷秦一椎”，下联是“辞汉万户”，横批是“知止”。这副对联是对西汉初年重臣张良一生的真实写照。“掷秦一椎”说的是张良反秦建汉的历史功绩，“辞汉万户”则是对他建功立业后不受汉封的高度赞誉，“知止”则反映出张良勇于自持知止的优秀品德。正如《中国廉政史鉴》一书所写：“张良为汉朝建立立下的汗马功劳是尽人皆知的，但他不伐其功，不矜其能，以勇于自持知止而留下千古美名。”

张良（约前 250—前 186），字子房，秦末汉初杰出的谋士、大臣，汉初丞相，世人把他与韩信、萧何并称为“汉初三杰”。关于张良的出生地，学术界存有争议，原因是战国时的城父有两座，一座属颍川郡（今河南宝丰，汉更名为城父），另一座东城父属沛郡（今安徽亳州）。司马迁在《史记·留侯世家》中专门记载了张良的生平。汉高祖刘邦在评价跟随自己一生建功立业的众臣时曾说："夫运筹策帷幄之中，决胜于千里之外，吾不如子房。"高度评价了张良的机智谋划、文韬武略。后人敬其谋略出众，称其为"谋圣"。

1. 掷秦一椎

张良出身于贵族世家，他的祖父张开地曾做过韩昭侯、宣惠王、襄哀王的丞相。父亲张平曾经做釐王、悼惠王的丞相。到了张良时代，韩国已逐渐衰落。韩国被秦灭亡后，张家也随之丧失了显赫荣耀的地位，心存国亡家败之恨的张良把仇恨集中于一点——反秦。为了刺杀秦始皇，张良散尽家财，积极联合各地反秦义士，共同制订谋杀行动计划。他在淮阳学礼时发现一个大力士，于是他让人铸造了一个重一百二十斤的大铁锤，准备在适当时机刺杀秦始皇。

公元前 218 年，张良得知秦始皇东巡。当秦始皇的巡游车队即将到达阳武县（现河南原阳县）时，张良指挥刺客埋伏在通往阳武县的必经之地——古博浪沙，准备行刺。然而，秦始皇因多次遇刺，早有预防准备，所有车辇全部四驾，时常换乘座驾。张良和刺客分不清哪一辆是秦始皇的座驾，只看到车队最中间的那辆车最豪华。于是张良指挥刺客向该车击去。张良趁乱钻入芦苇丛中，逃离现场。遗憾的是，被刺客击中的只是副车，并不是秦始皇所乘之车。幸免一劫的秦始皇十分恼怒，下令全国缉捕刺客，但因无从查起，张良得以"逍遥法外"。古博浪沙刺秦虽然没有成功，但是张良从此闻名遐迩。

2. 纳履受书

为了躲避秦朝的缉捕，张良不得不浪迹全国各地，后来隐藏于下邳。据《史记·留侯世家》记载，一天，张良闲步下邳上桥头，迎面遇到一穿着粗布短袍的老者，老者走到张良的身边时，故意把鞋脱落至桥下，然后傲慢地差使张良道："小子，下去给我捡鞋！"张良愕然，但还是强忍心中的不满，违心地替他取了上来。随后，老人又跷起脚来，命张良给他穿上。此时的张良强压怒火，膝跪于前，小心翼翼地帮老人穿好鞋。老人非但不谢，反而仰天长笑而去。张良呆视良久，丈二的和尚摸不着头脑。不多时，那老者又返回桥上，对张良赞叹道："孺子可教矣。"并约张良五天后的凌晨再到桥头相会。一头雾水的张良恭敬地跪地应诺。

五天后，鸡鸣时分，张良急匆匆地赶到桥上。谁知老人故意提前来到桥上，此刻已等在桥头，见张良来到，愤愤地斥责道："与老人约，为何误时？五日后再来！"说罢离去。结果第二次张良还是晚老人一步。第三次，张良索性半夜就到桥上等候。他经受住了考验，其至诚和隐忍精神感动了老者，于是老者送给他一本书，说："读此书可为王者师，十年后天下大乱，你可用此书兴邦立国；十三年后济北谷城山下的黄石便是老夫。"说罢，扬长而去。张良惊喜异常，天亮时分，捧书一看，乃《太公兵法》。从此，张良日夜研习兵书，俯仰天下大事，终于成为一个深明韬略、文武兼备、足智多谋的"智囊"。

3. 佐策入关

秦二世元年（前 209）七月，秦王朝的残暴统治终于引发广大人民的强烈反抗，陈胜、吴广在大泽乡率先揭竿而起，举兵反秦。接着，各地反秦武装风起云涌。矢志抗秦的张良终于等来了机会，他聚集了一百多人，扯起了反秦的大旗。后因自感身单势孤，难以立足，只好率众往投自立为楚假王的农民起义军领袖景驹，途中正好遇上刘邦率领义军在下邳一带发展势力。两人一见如故，张良多次以《太公兵法》进说刘邦，刘邦多能领悟，并常常采纳张良的谋略。于是，张良果断地改变了投奔景驹的主意，决定跟从刘邦。从此，张良深受刘邦的器重和信赖，聪明才智也得以充分发挥。

秦二世二年（前 208）六月，项梁、项羽叔侄所率领的反秦队伍已发展壮大到六七万人，并拥立楚怀王的孙子为王，集各路义军首领于薛城（今山东省滕州市东南）共商大事。张良不忘复兴韩国，忙对项梁提议道："君既已立楚王为后人，而韩王诸公子中的横阳君成最贤，可立为王，借以多树党羽。"早在下邳之际，张、项之间便有旧谊，因而项梁一口应承。于是，他命人找到横阳君成，立为韩王，并以张良为司徒（相当于丞相）。张良"复韩"的目的终于达到了，“复家”的政治夙愿也得以实现，因而竭尽全力扶持韩王成，挥师收复昔日韩国的地盘。

同年底，楚怀王命刘邦、项羽率主力部队伐秦，并约定：谁先入关进咸阳，谁便可以立而为王。刘邦取道颍川、南阳，打算从武关进入关中。秦二世三年（前 207）七月，刘邦率兵攻占颍川。韩王和张良便与刘邦再次会合。九月，军队抵达南阳郡（今河南南阳市），南阳秦军固守宛城（河南南阳），起义军一时难以攻下。灭秦心切的刘邦见宛城一时难以攻取，准备放弃进攻，绕过宛城继续西进。张良认为不妥，劝道：“您虽然急于进关，但这一路上秦兵还很多，而且都扼据着险要的地势。现在不拿下宛城，一旦宛城的秦兵从后面追杀过来，那时，强秦在前，追兵在后，就很危险了。”刘邦采纳了他的建议，立即更换旗帜，率兵乘夜间抄小路悄悄返回。拂晓时分，刘邦的军队已把宛城重重围住。接着，刘邦又采纳了陈恢的意见，以攻心之术，招抚南阳太守，赦免全城吏民，兵不血刃地轻取了宛城。刘邦占领宛城不仅解除了西进的后顾之忧，而且兵威大振，南阳郡的其他城池纷纷望风而降。公元前 206 年十月刘邦大军抵达灞上（今西安市东 25 里）。秦王子婴眼见义军兵临城下，大势已去，只好开城出降。至此，雄霸四方、威震海内的大秦帝国灭亡了。

进入咸阳后，刘邦及其大部分将士忘乎所以，以为可以尽享天下。樊哙犯颜直谏，直斥刘邦“要做富家翁”，刘邦不予理睬。在这关键时刻，张良又一次挺身而出，苦口婆心地向刘邦分析个中利害。他向刘邦说：“秦王多做不义的事，所以您才能推翻他而进入咸阳。既然您已经为天下人铲除了祸害，就应该布衣素食，以示节俭。大军刚入秦地，您就沉溺在享乐中，这就是所谓助桀为虐了。常言道良药苦口利于病，忠言逆耳利于行，愿沛公听从樊哙等人的话。”冷静下来的刘邦愉快地接受了张良卓有远见的规劝，下令封存秦朝宫宝、府库、财物，还军灞上整治军队，以待项羽等路起义军。在此期间，刘邦还采纳张良建议，召集诸县父老豪杰，与之约法三章：“杀人者死，伤人及盗抵罪。”并通告四方，“悉除去秦法”。

4. 鸿门斗智

公元前 206 年二月，项羽率诸侯兵抵达函谷关（今河南灵宝东北）。项羽得知刘邦已攻下咸阳并且要在关中称王，十分恼怒，立即命令所属军队强攻函谷关。同年十二月，项羽大军攻破函谷关，进驻新丰、鸿门（今陕西临潼东北），要与刘邦决一死战。

幸亏项羽的叔父项伯与张良曾有旧交。在项羽大军决定进攻刘邦的前夜，项伯悄悄骑马来到刘邦军中私见张良，把消息告诉了张良，并邀他一同潜逃。张良说："我奉韩王之命，送沛公入关，而今沛公身处危难之中，我悄悄逃走，是不合道义的。我必须去向他辞行再走。"随即，张良来到刘邦的营帐中，把项伯所说的一五一十地告诉了刘邦。刘邦大惊失色，忙问张良："这可怎么办？"张良没有直接回答，反问刘邦："您估计我们的军队能抵挡住项羽的进攻吗？"刘邦有气无力地说："确实不能。可是事已至此，又怎么办呢？"张良一想，当务之急是打消项羽对刘邦的疑虑，使他放弃进攻刘邦的计划。而要达到这一目的，项伯是个关键人物。审时度势，张良给刘邦出了个釜底抽薪的主意："请您去告诉项伯，说您不敢背叛项王。"刘邦问："项伯和你，谁的年龄大？"张良说："项伯长我几岁。"于是，刘邦对张良说："你替我把项伯请进来，我要像对待兄长一样对待他。"张良出去，再三邀请项伯入帐见刘邦。项伯进帐后，刘邦亲自为项伯斟酒祝寿，并结为了儿女亲家。当项伯酒酣耳热之时，刘邦委屈地说："我入关以后，秋毫无犯，吏民都造册入籍，府库财产严加封存，专门等待项将军来接收。之所以派将士把守函谷关，是为了防备其他盗贼窜入，并防备有非常的变故发生。我守在这里，日夜盼望项将军到来，怎么敢反叛呢？请您千万向项将军转达我的心意，我决不敢忘记将军的大德。"项伯信以为真，便交代刘邦："明天一定要早一点亲自来向项羽谢罪。"项伯连夜驰回鸿门，把刘邦的话都转告给了项羽，并百般疏通，使原已剑拔弩张的局势有所缓解。

第二天，刘邦仅带着张良、樊哙和百余名从骑来到楚营。刘邦一见项羽，忙上前说道："臣与将军合力攻秦，将军战河北，我战河南。不料我侥幸先入关破秦，得以在此复见将军。今有小人进谗，致使将军与我结怨。”项羽自知刘邦依楚王约，先行入关并无非分之处，自己对刘邦如此这般倒有违约之嫌，顿觉有些理屈词穷，于是大摆宴席招待刘邦。

席间，项羽的谋臣范增屡次举目示意项羽，又再三举起所佩玉玦，暗示他速下决断，杀死刘邦。项羽犹豫不决，默然不应。范增只好又从帐外召来勇士项庄，授意他舞剑助兴，伺机杀掉刘邦。项伯看出端倪，拔剑对舞，时时用自己的身体护住刘邦。张良一看情况不妙，赶快起身出帐去找樊哙，命其速去护驾。樊哙二话没说，持剑拥盾闯入军门，直奔帐下，两眼怒视项羽，厉声陈述刘邦的劳苦功高和忠义，指斥项羽疑心太重。项羽一时竟被他慷慨激昂的言辞所震慑，无言以对。

过了一会儿，刘邦见情势已渐好转，便借口上茅房，招呼樊哙出帐，张良随之而出。三人商量对策，决定由樊哙保护刘邦赶快脱身，张良留下来应付局面。

张良在这次生死攸关的斗争中，以其大智大勇，既巧妙地帮助刘邦化险为夷，安全脱离虎口，又使项羽内部埋下了君臣相隙的祸根。

5. 劝联布、越

鸿门交锋不久，项羽恃强凌弱，自立为西楚霸王，定都彭城（今江苏徐州），统辖梁、楚九郡，他“计功割地”，分封了十八位诸侯王。并违背楚怀王“谁先攻入关中，谁就做关中王”的约定，把刘邦分封到偏僻荒凉的巴蜀，称为汉王。而把实际的关中之地一分为三，封给了秦的三个降将，用以遏制刘邦北上。刘邦心中十分怨恨，想率兵攻击项羽，后经萧何、张良一再劝阻，这才决定暂且隐忍不发。

同年七月，张良送刘邦到褒中（今陕西汉中市褒城镇）。此处群山环抱，沿途都是悬崖峭壁，只有栈道凌空高架，可以通行，别无他途。张良观察地势，建议刘邦待汉军过后，烧毁全部栈道，表示无东顾之意，以消除项羽的猜忌，同时也可防备他人的袭击。这样，就可以乘机养精蓄锐，等待时机，再展宏图。刘邦采纳了张良的建议，入汉中后，烧毁栈道，励精图治，积极休整。

一个月后，刘邦采用大将韩信之谋，避开雍王章邯的正面防御，乘机从故道“暗度陈仓”，从侧面出其不意地打败了雍王章邯、塞王司马欣和翟王董翳，一举平定三秦，夺取了关中宝地。

公元前205年春，刘邦接连收降常山王张耳、河南王申阳、韩王昌、魏王豹和殷王印五个诸侯，得兵50多万。同年四月，刘邦乘项羽集中力量攻打田荣之机，率兵伐楚，占领楚都彭城。项羽得知彭城失陷，立即亲率3万精兵从小路火速赶回，急救彭城，刘邦大败。

危难之际，张良冷静分析当时各地形势，为刘邦想出了一个利用矛盾、联兵破楚的策略。他说：“九江王英布，是楚国的猛将，现在与项羽有了隔阂；彭城之战，项羽令其相助，他却按兵不动。项羽对他颇为怨恨，多次派使者责之以罪。彭越因项羽分封诸侯时，自己没有受封，早对项羽怀有不满，而且田荣反楚时曾联络彭越造反，为此项羽曾令肖公角攻伐他，结果未成。这二人可以利用。另外，汉王手下的将领，只有韩信可以委托大事，独当一面。大王如果能用好这三个人，那么楚可破也。”

刘邦听罢，认为这确是一个以弱制强的妙计，于是派舌辩名臣隋何前往九江，策反九江王英布；接着又遣使联络彭越；同时，再委派韩信率兵北击燕、赵等地，发展壮大汉军力量，迂回包抄楚军。

6. 虚抚盟军

当刘邦被项羽围困在荥阳的时候，韩信却在北路战线上顺利进军，势如破竹。他先是平定了魏、代、赵、燕等地，接着又占据了齐国的故地，欲自立为齐王。他派人禀告刘邦说：“齐人狡诈多变，反复无常，南边又与楚相邻，如果不设王，就难以镇抚齐地。望能允许我为假（代理）齐王。”

刘邦一听，不由得怒气上冲，当着使者的面，破口大骂道：“我久困于此，朝夕望他前来助我，想不到他竟要自立为王！”当时，陈平正坐在刘邦的旁边，陈平与张良清醒地认识到，韩信的向背对楚汉战争的胜负有着举足轻重的作用。于是，陈平连忙在案下轻轻踩了他一脚，精明的刘邦立即感到先前失言，于是改口骂道：“大丈夫既定诸侯，就要做个真王，何必要做假王！”刘邦立即派张良拿着印绶去齐地封韩信为王，并征调韩信的军队击楚。稳住韩信以后，楚汉战争的形势发生了重大的转折。

公元前203年，汉对楚已逐渐形成合围之势：韩信据齐地不断袭击楚军，彭越又屡次从梁地出兵，断绝楚军的粮道。楚军兵疲粮竭，项羽无奈，终于送回了被扣押的刘邦的父亲与妻子儿女，与刘邦讲和。双方商定，以鸿沟为界，东归楚，西归汉，立约双方带兵归国，各不相犯。

项羽如约拔营东归，向彭城而去。刘邦也欲引兵西归汉中。在这重大的转折之际，张良以一个政治谋略家的深邃眼光，看出了项羽腹背受敌、捉襟见肘的处境，便与陈平一起劝谏汉王刘邦："如今汉据天下三分有二，此时正是灭楚的有利时机，宜猛追穷寇。否则放楚东归，如放虎归山，必将遗患无穷。"刘邦采纳张良等人的意见，亲率大军追击项羽，并令韩信、彭越合围项羽。

刘邦率大军追击楚军至固陵（今河南太康），却迟迟没有等来韩信、彭越所率的援兵，结果惨遭失败。刘邦躲在固陵的壁垒中，便问身边的张良："他们为什么没有如期前来？"此时，张良对韩、彭的心思早已了然于心，对应之策已思谋成熟，见刘邦询问，忙答道："楚兵即将灭亡，韩信、彭越虽已受封为王，却没有确定的疆界。二人此次不来赴约，原因正在于此。陛下若能与之共分天下，当可立招二将，否则最终成败，尚不可知。"刘邦一心要解燃眉之急，便依张良计，把陈地以东至沿海的地盘划封给齐王韩信；把睢阳以北至谷城的地盘划封给梁王彭越。两个月后，韩、彭果然派兵来援。

汉军各路兵马陆续会集垓下（今安徽省固镇县境内）。韩信先用"十面埋伏"之计兵围项羽于垓下，继而又用"四面楚歌"之计瓦解了敌兵士气，终于打败项羽。至此，长达四年之久的楚汉战争，以刘邦的彻底胜利而告终。

7. 力辞万户

西汉建立后，刘邦大封包括张良在内的二十多位功臣。论功行封时，按级班爵，汉高祖刘邦令张良自择齐国三万户为食邑，张良辞让，请求封始与刘邦相遇的留地（今江苏沛县），刘邦同意了，故称张良为"留侯"。

张良辞封的理由是：我在韩灭家败后沦为布衣，布衣得封万户、位列侯，这是老百姓的最高地位，对我张良来说已经很满足了。看到汉朝政权日益巩固，国家大事有人筹划，自己“为韩报仇”的政治目的和“封万户、位列侯”的个人目标都已达到，一生的夙愿基本满足。再加上身缠病魔，体弱多疾，又目睹彭越、韩信等有功之臣的悲惨结局，联想范蠡、文种兴越后的或逃或死，深悟“狡兔死，走狗烹；飞鸟尽，良弓藏；敌国破，谋臣亡”的哲理，惧怕既得利益的复失，更害怕韩信等人的命运落到自己身上，所以自请告退，摒弃人间万事，专心修道养精，崇信黄老之学，静居行气，欲轻身成仙。封建士大夫出身的张良，在业成功垂之后，不仅不居功自傲，还能自谦相让，实在难能可贵！

汉高后二年（前 186），张良病逝，谥号“文成侯”。他的儿子继承了他的侯位。

五、“每一寻思怕立功”：韩信

唐朝诗人刘禹锡在一首诗中感叹道：“将略兵机命世雄，苍黄钟室叹良弓。遂令后代登坛者，每一寻思怕立功。”诗的题目是《韩信庙》，内容自然写的是西汉初年著名的军事将领——韩信。

韩信（约前 231—前 196），江苏淮阴（今江苏省淮安市淮阴区）人，西汉开国功臣，我国古代杰出的军事将领，与萧何、张良并列为“汉初三杰”，与彭越、英布并称为汉初三大名将。秦朝末年，他率军协助刘邦出陈仓、定三秦、擒魏、破代、灭赵、降燕、伐齐，直至垓下全歼楚军，战无不胜，为汉朝建立作出巨大贡献。因此，汉高祖刘邦评价他：“战必胜，攻必取，吾不如韩信。”同时代的萧何赞誉他为“国士无双”。韩信也是我国军事思想“谋战”派的杰出人物，后世之人往往将其与春秋时期著名的军事家孙武并列，奉其为“兵仙”“战神”。

1. 胯下之辱

韩信出身平民，早年家贫，常从人寄食。他性格放纵，不愿受到礼节约束，品行也不怎么好。因此，青年时期的韩信未被推选为官吏，又无经商谋生之道，常常依靠别人糊口度日，招致许多人讨厌他。他的母亲死后，穷得无钱来办丧事，然而他寻找又高又宽敞的坟地安葬母亲，并说要让母亲坟地四周可安顿下一万家。

当时下乡南昌亭长见韩信并非凡夫俗子，多次接济他，韩信也多次前往亭长家蹭饭。时间一长，亭长的妻子逐渐嫌恶他。有一天，女主人早早把饭煮好，在韩信到来之前就把饭吃完了。韩信明白他们的用意，一怒之下，最终离去不再回来。

无事可干的韩信经常在城下钓鱼。有一天，他在钓鱼的时候遇到几位老大娘在不远处洗衣服，其中一位大娘看见韩信好像很饿，就可怜他，拿出饭给他吃。一连几十天都是如此。韩信很高兴，就对那位老大娘说："我以后一定重重地报答您老人家。"老大娘生气地说："大丈夫不能养活自己，我是可怜你这位公子才给你饭吃，难道是希望你报答吗？"韩信听了报之一笑，不以为然。

当时，淮阴街上有个杀猪卖肉的年轻屠夫见韩信落魄至极，就有意侮辱他说："你虽然长得人高马大，喜欢佩带刀剑，其实是个胆小鬼。"接着又当众挑衅他说："你要不怕死，就拿剑刺我；如果怕死，就从我胯下爬过去。"韩信注视了对方好久，慢慢低下身去，真的从侮辱他的人胯下爬了过去。满街的人都笑话韩信，认为他真的是个怯懦之人。

2. "成也萧何"

陈胜、吴广起义后，项梁率领反秦楚军渡过淮河北上，韩信带着宝剑投奔了项梁。项梁败死后，项羽成为楚军的领导，韩信升为郎中。韩信多次给项羽献计，但是高傲自大的项羽并不采纳。

秦朝灭亡后，韩信离开项羽投靠刘邦，刘邦让他做管理仓库的小官。有一次，韩信犯了事被判斩首，同案的十三人都已处斩，就要轮到韩信了。韩信举目仰视，看到了主持处斩的滕公夏侯婴，就大声说："汉王不打算得天下吗？为什么杀掉壮士？"夏侯婴觉得此人话语不同凡响，又看他相貌威武，就放了他，同他交谈，感觉他确实不是一般的人，于是就向刘邦推荐。可是刘邦没有发现韩信与众不同的地方，只给了他一个管理粮饷的官职。

韩信多次同萧何交谈，萧何也感觉他不是凡夫俗子，十分赏识他。当时，刘邦被项羽封为汉王，从长安前往南郑。由于刘邦所部将士多是北方人，不愿意到四川，所以途中数十位将领逃亡。韩信因为得不到刘邦的重用，也逃走了。萧何听说韩信逃走，十分着急，来不及向刘邦报告便去追赶韩信。

两天后，萧何回来见刘邦，向刘邦说明事情原委并说服刘邦重用韩信。于是刘邦设坛拜将，任命韩信为大将。

3. 初露锋芒

韩信拜将后，刘邦亲自接见韩信。一见面刘邦就说："萧何多次称赞你的才能，你有什么定国安邦的良策啊？"韩信说："同您东向而争天下的不是项羽吗？那大王您估计一下，论兵力的英勇、强悍、精良，同项羽比谁高谁下？"刘邦沉默了很长时间，不得不承认自己暂时确实不如项羽。韩信接着说："不仅大王，就连我也觉得您不如项王。可是我曾经侍奉过项王，请让我谈谈项羽的为人。项羽一声怒喝，千人会吓得胆战腿软，可是他不能放手任用贤将，这只算匹夫之勇。项羽待人也算恭敬慈爱，语言温和，将士有疾病，他会同情落泪，甚至把自己的饮食分给他们。可是等到部下有功应当封爵时，他把官印的棱角都磨光滑了也舍不得给人家，这是妇人之仁。项羽虽然独霸天下而使诸侯称臣，却不居关中而都彭城，又违背义帝的约定，把自己的亲信和偏爱的人封为王，诸侯对此愤愤不平。诸侯见项羽驱逐义帝于江南，也都回去驱逐他们原来的君王而自立为王了。凡是项羽军队经过的地方，无不遭蹂躏残害，所以天下人怨恨他，百姓只是在他的淫威下勉强屈服。项羽名义上虽为天下的领袖，实际上已失去民心，所以他的强大会很快变衰弱的！在这种情况下大王您如能反其道而行之，任用天下武勇之人，何愁敌人不被诛灭！把天下的土地分封给功臣，何愁他们不臣服！率领英勇的一心想打回老家去的士兵，何愁敌人不被打散！再者，您入武关时，秋毫不犯，废除秦苛酷刑法，与秦民约法三章，秦国百姓无不想拥戴您在关中为王。根据当初诸侯的约定，您理当在关中称王，关中的百姓都知晓。可大王您失掉应有的封爵而被安排在汉中做王，秦地百姓无不怨恨项羽。如今大王您如果起兵攻打三秦的属地，只要号令一声即可收服。”刘邦听了韩信的分析，非常高兴，从此对韩信言听计从。

汉元年（前206）十一月，刘邦乘项羽进攻齐地田荣之机，决计出南郑（汉王都城，今陕西汉中市东）袭占关中（指函谷关以西地区），向东与项羽争天下，楚汉战争爆发。刘邦拜韩信为大将，以曹参、樊哙为先锋，利用秦岭栈道已被汉军烧毁、三秦王松懈麻痹之机，采取明修栈道、暗度陈仓之计，派樊哙、周勃率军万余大张声势地抢修栈道，吸引三秦王的注意力，自己则亲率军队潜出故道，翻越秦岭，攻占了项羽所封雍王章邯的属地陈仓。接着，汉军连续作战，分兵略地，迅速占领关中大部，平定三秦之地，取得对楚的初战胜利。

汉二年（前205），刘邦率汉军出关，收服魏王豹、河南王申阳、韩王郑昌，殷王司马卬降汉。联合齐王田荣、赵王歇共同击楚。四月至彭城。

汉军在彭城与楚军大战，由于力量悬殊，刘邦吃了败仗。早先与刘邦联盟的塞王司马欣、翟王董翳叛汉降楚，齐王田荣和赵王歇也反叛汉军并与楚媾和。刘邦一度一蹶不振。

同年六月，魏王豹以探母病为由回到封国后，就封锁了河关，切断汉军退路，叛汉与楚约和。刘邦派郦食其说服魏王豹不成，八月任命韩信为左丞相率兵击魏。魏王豹把重兵布守在蒲坂，封锁河关。韩信故意多设疑兵，陈列船只假意要渡河关，而伏兵却从夏阳以木盆、木桶代船渡河，袭击魏都安邑。魏王豹大惊，引兵迎击韩信，韩信大胜，虏魏王豹，平定了魏国，改魏为河东郡。

4. 背水一战

刘邦采纳韩信“北举燕、赵，东击齐，南绝楚之粮道，西与大王会于荥阳”，对楚实施战略包围的建议，在坚持对楚正面作战的同时，给韩信增兵3万，命其率军东进，开辟北方战场。刘邦派张耳与韩信一起引兵东击赵王歇，北击代国，活捉代相夏说，破代。然后，把俘获的精兵补充到在荥阳对楚作战的刘邦军中。

韩信、张耳统兵数万准备通过太行山井陉口进攻赵国。赵王与成安君陈馀陈兵二十万在井陉口抗击汉军。广武君李左车对成安君说："韩信渡西河、掳魏王、擒夏说、血洗阏与。现又有张耳加盟，乘胜欲下赵国，军队锐不可当。可是我听说：'千里运粮，士卒就有挨饿的危险；到吃饭时才去打柴做饭，军队就不会餐餐吃饱！'这井陉口，车不可并行，骑兵不可列队，行军数百里，其粮草必落在后面，希望您暂拨给我三万奇兵，我从小路截断汉军辎重粮草；您深挖护营壕沟，加高兵营围墙而待。汉军前不得战，退不得回，我的部队断绝汉军后路，荒野无食可掠，不出十日，韩信、张耳的头颅就可悬在您的旗下。希望您考虑采纳我的计谋，否则定被他俩擒获。"

成安君陈馀是一个书生，认为正义之师不用奇谋诡计，当即反对说："兵法上讲，十倍于敌人的兵力就包围它，一倍于敌人的兵力就与之交战。韩信虽号称数万人，其实不过数千人，千里迢迢来奔袭我们，士兵早已疲惫至极，我们却避而不击，若更强大的敌人前来，我们将如何对付？诸侯一定会认为我们胆怯，会轻易地攻打我们。"最终没听李左车的计策。

韩信派人暗中探听，得知李左车的计策没被采纳，非常高兴。他大胆引兵前来，离井陉口三十里处驻扎下来，半夜选二千轻骑兵，人持一面红旗，从小路来到山坡上伪装隐蔽起来，窥视赵军，并且告诫将士：赵军见我军出击，一定倾巢而出，你们就乘机迅速冲入赵军营地，拔掉赵国旗帜，插上汉军红旗。同时命令副将传令大家："今天打败赵军之后会餐。"韩信又召集所部将领们对战况进行分析，他认为：赵军已先占据了有利的地势，他们在未见到汉军大将旗鼓之前，定会担心我们遇到阻险而退兵，是不肯轻易发兵攻打我们的。

于是韩信派一万人为先头部队，背靠河水摆开阵势，赵军见汉军摆出只有前进而无退路的绝阵，都大笑不已。天刚亮，韩信打起了大将军的旗号和仪仗鼓吹，击鼓进军井陉口。赵军果然出营迎击，大战良久，韩信、张耳丢弃鼓旗，佯装打败，退到河边的军阵之中。赵军见状，果然倾巢而出追逐韩信、张耳，争夺汉军丢下的旗鼓。韩信、张耳退入河边阵地，背水一战的汉军迎战赵军，各个拼死作战，赵军无法把他们打败。这时韩信所派的二千轻骑兵立即冲入赵军营垒，拔掉赵军旗帜，竖起汉军的红旗。赵军久战不胜，想退回营垒，却见营中遍是汉军红旗，大惊失色，认为汉军已经把赵王及其将领全部俘虏了，于是阵势大乱，四散奔走。这时汉军两面夹击，大破赵军，在泜水（河北省魏河）斩杀成安君陈馀，活捉了赵王歇。

韩信大获全胜，诸将前来祝贺，问道："兵法上说，布阵应是'右背山陵，左对水泽'，如今将军却背水为阵，还说破赵军之后会餐，当时我们不服，然而取胜了，这是什么战术？"韩信说："兵法上不是说'陷之死地而后生，置之亡地而后存'吗？况且我平素没有得到机会训练诸位将士，这就是所说的'赶着街市上的百姓去打仗'，在这种形势下不把将士们置之死地，使人人为保全自己而战；如果给他们留有生路，就都跑了，怎么还能用他们取胜呢？"诸将听了，更加佩服韩信的用兵之术。

攻取赵国后，韩信采纳谋士李左车的计策，派使者去燕国，燕王立即投降。接着，刘邦任命韩信为相国，让他率部攻下齐国，后被立为齐王。

5. 垓下之战

汉五年（前202），刘邦趁项羽无备，楚军饥疲，突然对楚军发动战略追击。约韩信从齐地（山东），彭越从梁地（河南东北部）南下合围楚军。为调动韩信、彭越，刘邦听从张良之谋，划陈（淮阳）以东至海广大地区为齐王韩信封地；封彭越为梁王，划睢阳以北至谷城（山东东阿南），为其封地。一切准备就绪，刘邦认为时机成熟，决定与项羽决战。韩信统率三十万汉军独挡正面，指挥决战。

韩信从齐地南下，占领楚都彭城（今江苏徐州市）和今苏北、皖北、豫东等广大地区，兵锋直指楚军侧背，彭越亦从梁地西进。汉将刘贾会同九江王英布自下城父（今安徽亳州城父集）北上；刘邦则率部出固陵东进、汉军形成从南、北、西三面合围楚军之势，项羽被迫向垓下（今安徽固镇境内）退兵。

十二月，刘邦、韩信、刘贾、彭越、英布等各路汉军约计四十万人与十万楚军于垓下展开决战。汉军以韩信率军居中，将军孔熙为左翼、陈贺为右翼，刘邦率部跟进，将军周勃断后。楚军被汉军重重包围。楚军屡战不胜，兵疲食尽。韩信命汉军士卒夜唱楚歌。楚军士卒思乡厌战，军心瓦解。韩信乘势进攻，楚军大败，十万军队被全歼，项羽逃至东城自刎而死。刘邦于是还至定陶，改封韩信为楚王，都下邳（今江苏邳州市东）。

6. 失信刘邦

唐朝诗人李白在《猛虎行》一诗中写道："张良未遇韩信贫，刘项存亡在两臣。暂到下邳受兵略，来投漂母作主人。"韩信到楚国后，召见当年给他饭吃的洗衣服老人，赏赐她千金。轮到下乡南昌亭长时，只赏他一百钱，并说："你是个小人，做好事有始无终。"又召见曾经侮辱自己，让他从胯裆下爬过去的屠夫，封他为中尉，并且告诉诸将说："这是位壮士，当他侮辱我时，我难道不能杀了他吗？杀了他也不会扬名，所以就忍了下来，这才有了今天的成就。"

汉六年（前 201）有人告韩信谋反。刘邦用陈平的计策，说天子要出外巡视会见诸侯，通知诸侯到陈地相会，说："我要游览云梦泽。"其实是想要袭击韩信，韩信却不知情。刘邦将到楚国时，韩信打算起兵谋反，但又认为自己无罪，就去谒见刘邦。刘邦令武士把韩信捆绑起来，放在随从皇帝后面的副车上。韩信说："果若人言：'狡兔死，走狗烹；高鸟尽，良弓藏；敌国破，谋臣亡。'天下已定，我固当烹！"刘邦说："有人告你谋反。"回到洛阳，刘邦赦免了韩信的罪过，改封他为淮阴侯。

韩信被贬为淮阴侯之后，深知高祖刘邦畏惧他的才能，所以常常装病不参加朝见或跟随出行。一次韩信去拜访樊哙，樊哙行跪拜礼恭迎恭送，并说："大王竟肯光临臣下家门，真是臣下的光耀。"韩信出门后，笑道："我这辈子居然同樊哙等同列！"

陈豨被任命为巨鹿郡守，向淮阴侯辞行。韩信拉着他的手避开左右侍从在庭院里漫步，仰望苍天叹息说："您可以听听我的知心话吗？有些心里话想跟您谈谈。”陈豨说：“一切听任将军吩咐！”韩信说：“您管辖的地区，是天下精兵聚集的地方；而您，是陛下信任宠幸的臣子。如果有人告发说您反叛，陛下一定不会相信；再次告发，陛下就怀疑了；三次告发，陛下必然大怒而亲自率兵前来围剿。我为您在京城做内应，天下就可以取得了。”陈豨一向知道韩信的雄才大略，对他的话深信不疑，说：“我一定听从您的指教！”

汉十年（前197），陈豨果然反叛。刘邦亲自率领兵马前往，韩信托病没有随从。但是韩信暗中派人对陈豨说：“只管起兵，我在这里协助您。”接着，韩信便和家臣商量，夜里假传诏书赦免各官府服役的罪犯和奴隶，打算发动他们去袭击吕后和太子。部署完毕，他们就等待着陈豨的消息。

然而，韩信的一位家臣得罪了他，韩信把家臣囚禁起来，打算杀掉他。家臣的弟弟得知消息后，立即向吕后告发了韩信准备反叛的情况。吕后一听，既惊慌又恼怒，就和萧何谋划除掉韩信的办法。萧何按照既定计划前往韩信府上假说刘邦平叛归来，陈豨已被俘获处死，列侯群臣都来祝贺。韩信虽然有所顾虑，但是还是相信了萧何的劝说。等韩信一到皇宫，吕后就命令武士把韩信捆起来，不加审问就在长乐宫的钟室把他杀掉了。韩信在被斩时说：“我后悔没有采纳蒯通的计谋，以致被妇女小子所欺骗，难道不是天意吗？”

司马迁在《史记·淮阴侯列传》最后写道：我到淮阴，淮阴人对我说，韩信即使是平民百姓时，他的心志就与众不同。他母亲死了，家中贫困无法埋葬，可他还是到处寻找又高又宽敞的坟地，让坟墓旁可以安置万户人家。我看了他母亲的坟墓，的确如此。假使韩信能够谦恭退让，不夸耀自己的功劳，不自恃自己的才能，那就差不多了。他在汉朝的功勋可以和周朝的周公、召公、太公这些人相比，后世子孙就可以享祭不绝。可是，他没能致力于这样做，反而天下已经安定时图谋叛乱，终被诛灭宗族，不也是应该的吗？

第三章
魏晋时期

一、“魏武挥鞭”：曹操

“大雨落幽燕，白浪滔天，秦皇岛外打鱼船。一片汪洋都不见，知向谁边？往事越千年，魏武挥鞭，东临碣石有遗篇。萧瑟秋风今又是，换了人间。”这是毛泽东在《浪淘沙·北戴河》里的诗句，词中写到建安十二年（207）曹操东征乌桓经过碣石山时写下《观沧海》一诗之事。“魏武挥鞭，东临碣石有遗篇”恰似一幅生动、传神的剪影，简括而鲜明地勾勒出曹操当年策马扬鞭、登山临海的雄姿。

曹操（155—220），字孟德，小字阿瞒，东汉时期沛国谯郡（今安徽亳州）人。我国古代杰出的政治家、军事家、文学家，三国时期曹魏政权的奠基人。曹操在世时，担任东汉丞相，后为魏王。去世后谥号为“武王”。他的儿子曹丕称帝后，追尊曹操为武皇帝，庙号“太祖”。

1. 早年经历

曹操出生在官宦世家，《三国志》称其为汉相曹参之后，曹操的父亲曹嵩是宦官曹腾的养子。曹腾历侍四代皇帝，有一定的名望，汉桓帝时被封为费亭侯，并加位特进，曹氏一族，由此成为富贵的官宦人家。曹嵩继承了曹腾的侯爵，在汉灵帝时官至太尉。

生在官宦人家的曹操从小就在大人的教诲下读书习字。为了让他以后能成为国家的栋梁，父亲曹嵩对他学习的督促从来没有丝毫懈怠，所以，曹操不但对四书五经非常精通，而且在少年时期，就显现出过人的胆识和智慧。据文献记载，曹操十岁那年，有一次在龙潭中游泳，突然遇到一条凶猛的鳄鱼。鳄鱼张牙舞爪地向曹操攻击，但曹操毫不畏惧，沉着地与鳄鱼周旋。鳄鱼无法下口，于是逃掉了。

青年时期的曹操机智警敏，有着很强的随机应变能力，而且任性好侠、放荡不羁，但不修品行，不研究学业，所以当时的人不认为他有什么特别的才能，只有梁国的乔玄等人认为他不平凡。乔玄曾经对曹操说："天下将乱，非命世之才不能济也。能安之者，其在君乎？"南阳的许劭以知人著称，他也曾对曹操说过："天下太平之时，你是一个治理天下的能臣；天下一旦大乱，你就是乱世之中的大奸雄！"曹操早年就表现出对武艺的爱好与出众的才能，博览群书，尤其喜欢兵法，曾抄录古代诸家兵法韬略，还有注释《孙子兵法》的《魏武帝注孙子》著作传世。这些都为他后来的军事生涯打下了稳健的基础。

2. 崭露头角

熹平三年(174)，刚刚20岁的曹操被举为孝廉，离开家乡入京都洛阳为郎。不久，被任命为洛阳北部尉。曹操一到职，就申明禁令、严肃法纪，造五色大棒十余根，悬于衙门左右，"有犯禁者，皆棒杀之"。皇帝宠幸的宦官蹇硕的叔父蹇图违禁夜行，曹操毫不留情，将蹇图抓捕并处死。曹操雷厉风行，洛阳百姓无不拍手称快，而那些纨绔子弟再也不敢在洛阳胡作非为。在他的治理下，洛阳治安渐渐恢复了正常。光和元年（178），曹操因堂妹夫被宦官诛杀而受到牵连，被免去官职，回到家乡谯县闲居。

光和三年（180），曹操又被朝廷征召，任命为议郎。中平元年（184），黄巾起义爆发，曹操被拜为骑都尉，受命与皇甫嵩等人合军进攻颍川的黄巾军，结果大破黄巾军。曹操因此被迁为济南相。在济南相任内，曹操大力整饬当地贪官污吏，"政教大行，一郡清平"。中平五年（188），汉灵帝为巩固自己的统治，设置西园八校尉，曹操因其显赫家世被任命为八校尉中的典军校尉。

中平六年（189），汉灵帝驾崩，太子刘辩登基，何太后临朝听政。大将军何进召时任并州牧的董卓进京，想趁灵帝驾崩、宦官失势之机诛灭十常侍。结果事情败露，何进反而被十常侍杀死。同年九月，董卓入京，执掌朝政，把汉少帝废为弘农王，而改立其弟陈留王为汉献帝，自称太师，专擅朝政。曹操见董卓倒行逆施，遂“散家财，合义兵”，号召天下英雄讨伐董卓。

初平元年（190）正月，袁术等人共推渤海太守袁绍为盟主，曹操任代理奋武将军，参加讨董联军。二月，被联军击败的董卓胁迫献帝迁都长安（今陕西西安）。不久，诸军之间发生摩擦，相互火拼。联合军因此而解散。

初平三年（192），曹操“设奇伏，昼夜会战”，终于将青州黄巾军击败，俘获降卒三十余万，人口百余万。曹操收其精锐，组成军队，号“青州兵”。曹操凭借这支雄厚的军事武装开始了争夺中原的斗争。

3. 北战南征

初平四年（193）秋天，曹操的父亲曹嵩被陶谦杀害，曹操遂进兵徐州，向东南扩展势力。兴平二年（195），曹操整军与吕布交战，平定兖州。

建安元年（196）八月，四十一岁的曹操迎汉献帝迁都许昌。十一月，汉献帝封曹操为司空，行车骑将军事。从此，曹操掌握了朝中大权，他的政治影响不断扩大。

建安二年（197）正月，曹操讨伐张绣。张绣先降后叛，曹操长子曹昂、侄子曹安民、猛将典韦战死。此后，曹操又两度攻击张绣，都没有彻底打败他。九月，曹操东征袁术，袁术弃军而逃至淮河。

建安三年（198）九月，曹操再次东征徐州，进攻久与他为敌的吕布。吕布战败投降，曹操初步控制了徐州。第二年，曹操取得河内郡，把势力范围扩张到黄河以北。当年十二月，曹操自率军屯于官渡（今河南中牟北），准备迎击袁绍。

袁绍是当时北方最强大的一股势力，有军队数十万人，是曹操统一北方最强大的敌人。建安五年（200），袁绍亲率大军向曹操发动进攻。

袁绍大军来攻，许都震动。曹操安慰众将说：“吾知绍之为人，志大而智小，色厉而胆薄，忌克而少威，兵多而分画不明，将骄而政令不一，土地虽广，粮食虽丰，适足以为吾奉也。”

二月，袁绍大将颜良等人围攻白马，拉开了大战的序幕。曹操亲自率兵北上解白马之围。他采纳谋士荀攸之计，先进军延津（今河南延津北一带），做出要渡河袭击袁军的态势，吸引袁军分兵西向，然后突然转向迅速赶往白马。曹操军突然杀到，袁军措手不及，颜良被关羽斩首，袁军大败，白马之围遂解。接着，曹操又率军与袁绍援军文丑部交战，再次取得胜利。随后，曹、袁双方在官渡相持近两个月。

十月，曹操依照谋士许攸的计谋偷袭了袁绍粮草基地乌巢，袁绍损失惨重，军心涣散，袁部大将张郃、高览等人投降曹操。袁绍见大势已去，逃回黄河以北。官渡一战，曹操击溃了当时势力最大的敌人袁绍，由他统一北方已是大势所趋。官渡之战也是中国战争史上以少胜多、以弱胜强的著名战例。

建安十二年（207），为了彻底肃清袁氏残余势力，也为了彻底解决三郡乌桓入塞为害的问题，曹操决定远征乌桓。这年五月，曹操亲率大军登徐无山（今河北玉田北），出卢龙塞（今河北喜峰口附近），直指乌桓老巢柳城（今辽宁朝阳南）。八月，曹军进至离柳城不足二百里之地，与乌桓军展开决战，大获全胜，彻底肃清了袁氏残余势力。

建安十三年（208）六月，曹操废三公，恢复丞相制度，并自任汉朝丞相。他在基本平定北方后，兵锋转而南向。

七月，曹操进军南征荆州，荆州牧刘琮举荆州之众投降曹操。不久曹操又击败刘备，攻占了江陵。

曹操在击溃刘备后，想乘势一举鲸吞江东。孙权、刘备两家在鲁肃和诸葛亮等人的努力下，组成联盟抵抗曹操。曹操自江陵东下，至赤壁（今湖北武汉市江夏区西赤矶山）与孙、刘联军接战不利，暂驻军于乌林（今湖北洪湖市东北），与对方隔江对峙。

东吴都督周瑜用诈降之计，命大将黄盖率小战船十艘，上装柴草，灌以膏油，船头钉上大钉，假称投降，向北岸而进，至离曹营只有二里时，各船一齐点火，然后借助风势，直向曹军冲去，曹军大败，撤军北还。

建安十六年（211），曹操开始对关中用兵。七月，曹操率大军亲征关中，多次大败关中联军，关中自此平定。在随后的两年内，曹操派遣军队逐马超、破韩遂、灭宋建，横扫羌、氐，西北凉州地区基本平定。

4. 位极人臣

建安十七年（212），汉献帝准许曹操“参拜不名、剑履上殿”。第二年，汉献帝册封曹操为魏公，加九锡、建魏国，定国都于邺城。魏国拥有冀州十郡之地，置丞相、太尉、大将军等百官。

建安二十一年（216）四月，汉献帝册封曹操为魏王，邑三万户，位在诸侯王上，奏事不称臣，受诏不拜，以天子旒冕、车服、旌旗、礼乐郊祀天地，出入得称警跸，宗庙、祖、腊皆如汉制，国都邺城。王子皆为列侯。他名义上还为汉臣，实际上已是皇帝。

建安二十二年（217）春，曹操再次南征，击败孙权。建安二十四年（219）十月，曹操在樊城打败刘备大将关羽部，再次取得江南军事重镇荆州。东吴孙权遣使入贡，向曹操称臣，并劝曹操取代汉朝自称大魏皇帝。曹操将孙权来书遍示内外群臣，说：“是儿欲踞吾着炉火上耶！”曹操手下群臣乘机向曹操劝进。曹操自己还不想废献帝自立，他说：“若天命在吾，吾为周文王矣。”

曹操在政治、经济、文学等方面均有卓越出众的才能。政治上，唯才是举，敢于打破世族门第的观念，接纳了名士郭嘉、荀攸，武将张辽、徐晃、乐进等人。曹操为抑制强宗豪右，下令“重豪强兼并之法”，取消豪强宾客的免役免税特权，限制了豪强地主势力的发展。同时，任用廉吏，赏罚分明。

经济上，曹操先在许下屯田，接着在边境、军事重镇和水利较发达、土地肥沃的地区实行军屯和民屯。曹操实行了新的租调制，禁止豪强把租赋转嫁到农民身上。同时，水利事业也得到兴复。他亲自领导治理并修复了芍陂等水利工程。这些措施，促进了农业经济的恢复和发展，解决了军粮问题。

曹操不但是中国历史上一位杰出的政治家、军事家，而且是一位杰出的诗人，与儿子曹丕、曹植被后人合称建安文坛的“三曹”。他的诗歌受汉乐府的影响，继承了乐府“感于哀乐，缘事而发”的传统。曹操的诗歌作品多慷慨悲凉，把当时动乱的政治现实和人民的苦难形象深刻地反映出来，因而被称为“汉末实录”和“诗史”。曹操开启并繁荣了建安文学，成为我国文学史上光彩夺目的一章，给后人留下了宝贵的精神财富，史称“建安风骨”，鲁迅评价他为“改造文章的祖师”。

建安二十五年(220)正月，曹操还军洛阳。当月，病逝在洛阳，终年66岁，谥曰“武王”。十月，魏王曹丕取代汉朝，自立为皇帝，国号魏，追尊曹操为武皇帝。

曹操是我国古代史上难得一见的有热情、有魄力、有创意的政治改革家，又是一位敢于身先士卒、敢于挑战的军事家，更是一位杰出的文学家和诗人，堪称文武全才。在封建豪强割据、国家分裂的形势下，曹操为了实现国家的统一，南征北战40余年，结束了战祸连年的割据局面，使得北方重归统一和安定，为全国统一创造了条件。毛泽东评价他说：曹操是了不起的政治家、军事家，也是个了不起的诗人……曹操统一中国北方，创立魏国。他改革了东汉的许多恶政，抑制豪强，发展生产，实行屯田制，还督促开荒，推行法治，提倡节俭，使遭受大破坏的社会开始稳定、恢复、发展。《剑桥中国秦汉史》一书中这样评价曹操：给予汉王朝的致命一击却留给了中国历史上最引人注目的人物之一的曹操。曹操出身微贱，是大诗人、大战略家，也是现实主义的政治思想家；他反对儒家的礼仪和道德束缚。

二、“鞠躬尽瘁、死而后已”：诸葛亮

唐代大诗人杜甫在《蜀相》一诗中写道：“丞相祠堂何处寻，锦官城外柏森森。映阶碧草自春色，隔叶黄鹂空好音。三顾频烦天下计，两朝开济老臣心。出师未捷身先死，长使英雄泪满襟。”对三国时期蜀国的著名丞相诸葛亮进

行了高度概括和评价。

诸葛亮（181—234），字孔明，号卧龙（也作伏龙），徐州琅琊阳都（今山东临沂市沂南县）人，三国时期蜀汉丞相，我国古代杰出的政治家、军事家、散文家、书法家、发明家。诸葛亮一生“鞠躬尽瘁、死而后已”，是中国传统文化中忠臣与智者的代表人物。

1. 躬耕陇亩

诸葛亮于汉灵帝光和四年（181）出生在琅琊郡阳都县的一个官吏家庭。诸葛氏是琅琊的望族，诸葛亮的先祖诸葛丰曾在西汉元帝时做过司隶校尉，父亲诸葛珪在东汉末年做过泰山郡丞。诸葛亮三岁时母亲病逝，八岁时父亲去世，与弟弟诸葛均一起跟随由袁术任命为豫章太守的叔父诸葛玄到豫章。后来诸葛玄投奔了荆州刘表，诸葛亮兄弟也跟到荆州。此时正值董卓之乱爆发，关东诸侯起兵讨伐董，天下分裂，军阀割据，战乱不休。

建安二年（197），诸葛玄去世。十七岁的诸葛亮不愿寄人篱下，决定自立。经过一番思考，他和弟弟决定搬到距离襄阳不远的乡村居住，这样既可以通过耕耘土地，在经济上达到自给自足，同时又可以利用农闲到襄阳游学，汲取教益。兄弟二人最终决定在襄阳城西二十里的隆中定居。隐居襄阳隆中期间，他读了许多书，包括儒家著作，如《诗》《书》《礼记》《春秋》等。其次，他还读过兵家的书，如《左传》《战国策》《孙子兵法》等。诸葛亮虽然过着与世无争的隐士生活，但是他很相信自己的才干，常以管仲、乐毅自比，希望有朝一日能够遇到贤明的君主，发挥和实现自己辅佐贤君、扫平六合、统一天下的政治抱负。

隐居隆中期间，诸葛亮结交了当时的襄阳名士司马徽、庞德公、黄承彦。他们经常聚在一起边饮酒边畅谈国家大事，对当时纷乱的社会忧心忡忡。有一天，诸葛亮的好友黄承彦对他说：“听到你要选妻，我家中有一丑女，头发黄、皮肤黑，但才华可与你相配。”诸葛亮早就佩服黄承彦的才华和声望，所以不假思索地应许了这门亲事，迎娶了黄的女儿为妻。当时的人都以此作笑话取乐，乡里人甚至作了句谚语：“莫作孔明择妇，正得阿承丑女。”

2. 隆中对策

当时，依附于荆州刘表的刘备正屯兵于新野。为了成就自己的事业，刘备四处寻访贤才，招揽名士。有一天，诸葛亮好友司马徽对刘备说："那些儒生都是见识浅陋的人，岂会了解当世的事务局势？能了解当世事务局势的才是俊杰。此时只有卧龙（诸葛亮）、凤雏（庞统）。"接着，徐庶也向刘备推荐诸葛亮。刘备猜想诸葛亮一定是个很了不起的人才，希望徐庶带着诸葛亮来与他见面。徐庶对刘备说："这人可以去见，不可以令他屈就到此。将军宜屈尊以相访。"

刘备便冒着严寒，亲自前往拜访，去了三次才见到诸葛亮，史称"三顾茅庐"。与诸葛亮相见后，刘备便叫其他人回避，对诸葛亮说："现今汉室衰败，奸臣假借皇命做事，皇上失去大权。我没有衡量自己的德行与能力，想以大义重振天下，但智慧不足，谋略不够，所以时常失败，直至今日。不过我志向仍未平抑，先生有没有计谋可以帮助我？"

诸葛亮被刘备的志向和真诚所感动，遂向他陈说了三分天下之计，分析了曹操不可取，孙权可作援的形势；又详述了荆、益二州的州牧懦弱，有机可乘，而且只有拥有此二州才可争胜天下；更向刘备讲述了攻打中原的战略。

在对天下总体形势和各地势力集团具体形势进行分析的基础上，诸葛亮为刘备作出了成就霸业、复兴汉室的战略决策："跨有荆、益，保其岩阻，西和诸戎，南抚夷越，外结好孙权，内修政理；天下有变，则命一上将将荆州之军以向宛、洛，将军身率益州之众出于秦川，百姓孰敢不箪食壶浆以迎将军者乎？诚如是，则霸业可成，汉室可兴矣。"这篇论说被后世称为"隆中对"，是此后数十年刘备和蜀汉的基本国策。

刘备听后非常高兴，极力邀请诸葛亮出山辅佐自己。诸葛亮也认定刘备是值得辅佐的"明君"，决心出山帮他干一番惊天动地的大事业。于是，在建安十二年（207）的深冬，四十七岁的刘备经过三顾茅庐，终于将二十七岁的诸葛亮请出隆中。

3. 联吴抗曹

曹操统一北方后，一直对荆州虎视眈眈。他趁刘表病重，荆州内乱之际，发兵南下，准备攻打荆州。

建安十三年（208），荆州牧刘表的妻子、刘琦后母蔡氏屡进谗言，刘表对长子刘琦渐渐不悦。刘琦数次向诸葛亮请教自安之术，但诸葛亮每每推辞，刘琦便在一次饮宴时用上屋抽梯之计令诸葛亮说出解决办法，诸葛亮便反问刘琦："你不见春秋时期申生在内而有危险，但重耳（指的是晋文公）在外却可得安吗？"当时江夏太守黄祖被东吴杀害，刘琦便上荐父亲刘表，请求自己为江夏太守，以求自保。同年八月，刘表病逝，次子刘琮继位，听到曹操南下的消息，没有任何抵抗就遣使投降。

刘备在樊城知道后，亲率军队和百姓南逃，曹军在当阳长坂追上并大破刘军，刘备败走夏口。面对强大的曹操，诸葛亮出使东吴，打算与孙权组成孙刘联军，共抗曹操。

到达东吴后，诸葛亮面见孙权，交谈中他给孙权两个选择："如果能以吴、越的军力与中原之国抗衡，不如早和曹操断交。"另一个选择则是激将法："如果认为不能抵挡，为何不停止军事行动，向北方称臣呢！"孙权却反问诸葛亮："刘备为何不投降？"诸葛亮便提高刘备身价，说刘备有气节，绝不投降，以向孙权显示刘备的决心。孙权大怒，誓言不会向曹操投降，但有所担心，刘备是否有足够兵力战斗。诸葛亮最后分析两军的情况，先说出刘备部散兵归还，连同关羽水军约有万人，江夏刘琦部亦不下万人。接着他分析对手曹军远来疲敝，正是"强弩之末，势不能穿鲁缟"；而且北方人不习水战，荆州百姓又是被逼服从曹操，不是心服；最后肯定地说曹操必定可以打败。孙权听了诸葛亮的分析，十分高兴，决定联刘抗曹，派周瑜、程普、鲁肃等率三万水军，与曹操开战。

十一月，曹操大军在赤壁遭遇孙刘联军火攻，曹军遭受非常大的损失。此时曹操军中又暴发瘟疫，曹操不得已引军北还。在诸葛亮的帮助下，刘备趁机占领荆州，并相继夺取益州、汉中两地。

4. 白帝受托

汉献帝延康元年（220），曹丕代汉自立为帝。第二年，群臣听到汉献帝被害的消息，劝已成为汉中王的刘备登基为帝，刘备不答应，诸葛亮用耿纯游说刘秀登基的故事劝说刘备。于是刘备答应称帝，建立蜀汉政权，任命诸葛亮为丞相。

章武二年（222）八月，刘备不顾诸葛亮的劝阻，东征荆州失利，撤退至永安。次年二月，刘备病重，召诸葛亮到永安托付后事。

病榻上的刘备拉着诸葛亮的手说："你的才能是曹丕的十倍，必定能够安顿国家，终可成就大事。如果嗣子（刘禅）可以辅助，便辅助他；如果他没有才干，你可以自行取度。"

诸葛亮边流泪边说："臣必定竭尽股肱的力量，报效忠贞的节气，直到死为止！"刘备又把两个皇子叫到床前，命他们在诸葛亮跟前跪下，告诫说："我死之后，你们弟兄要把丞相当作父亲一样对待，同心共事，不可违命。"刘备再命内侍传旨，向群臣宣布托孤于丞相诸葛亮，以尚书令李严为副。

不久，刘备病逝，刘禅继位，封诸葛亮为武乡侯。随后，诸葛亮再领益州牧，蜀国政事上的大小事务，刘禅都依赖于他。

诸葛亮身受隆恩，更是殚精竭虑，辅佐刘禅治理国家。他先派人出使东吴，缓和吴蜀关系。之后，他集中精力，治理蜀汉，对抗魏国。

诸葛亮采取了一系列积极的措施治理蜀汉。他严肃法纪，赏罚分明，做到"无恶补惩，无善不赏"，自己也以身作则，为蜀汉官员树立廉洁奉公、勤政爱民的榜样。诸葛亮还很注意搜罗人才，他任人唯贤，知人善任，巴蜀一带的有志之士，纷纷前来投靠效力。他要求各级地方官吏奖励农业，减轻赋税，抑制豪强兼并土地；注意水利建设，派士兵保护水利工程都江堰，设立专门官员进行管理。出征的间隙，让士兵参加农业生产，进行屯田，以保证军粮供应，减轻人民负担。大力发展手工业，使蜀国的经济力量得到了很大的增强。

诸葛亮自己有很多发明创造，如对木牛、流马等运输工具的改进以及山地运输的发展，都有很大的贡献。

诸葛亮在发展生产的同时，还加紧整顿和充实蜀国军队。建兴三年（225）春天，诸葛亮率军南征，先打败雍闿军，再七擒七纵孟获，至秋天平定所有乱事。他任用少数民族的首领为官，治理西南，西南少数民族地区终于稳定下来。诸葛亮把少数民族中骁勇善战的青羌一万多家迁到四川，组建了五部“飞军”，大大增强了蜀国的兵力，为出师北伐中原做好了准备。

经过诸葛亮多年呕心沥血的经营，蜀国逐渐发展壮大起来，有了北伐的基础。公元227年，诸葛亮向后主刘禅上《出师表》，请求统帅三军征伐魏国，北定中原，恢复汉室。

5. 壮志未酬

建兴六年（228）春，诸葛亮事先扬声走斜谷道取郿，让赵云、邓芝设疑兵吸引曹真重兵，自己率大军攻祁山。陇右的南安、天水和安定三郡反魏附蜀，关中震动。魏明帝西镇长安，命张郃率领步骑五万人前往，大破马谡于街亭。而同时赵云寡不敌众，失利于箕谷。诸葛亮第一次北伐失败。

同年冬，诸葛亮趁魏兵东下，关中虚弱，趁机北伐，出兵散关（今陕西省宝鸡市西南）围陈仓（今陕西省宝鸡市东），为魏将郝昭所拒，诸葛亮劝降不成，而又粮草不继，不得已退还汉中。

建兴七年（229）春，诸葛亮遣陈式攻武都（今甘肃省成县周边）、阴平（今甘肃省文县周边）二郡。雍州刺史郭淮引兵救援，诸葛亮亲自率军出至建威（今甘肃省西和县西），击退郭淮，遂得二郡。

建兴八年（230）秋，魏军司马懿、张郃、曹真分三路进攻汉中。诸葛亮驻军于城固（今陕西省城固县东）、赤坂（今陕西省洋县东二十里）。时大雨三十余天，魏军撤退。同年，诸葛亮使魏延、吴懿西入羌中，大破魏后将军费曜、雍州刺史郭淮于阳溪（南安郡内，当在今甘肃省武山西南一带）。

第二年（231）二月，诸葛亮亲率大军攻祁山。时曹真病重，司马懿掘营自守，有“畏蜀如畏虎”之讥。据《汉晋春秋》记载，同年五月，诸葛亮使魏延、高翔、吴班大败司马懿部，汉军获甲首三千级，玄铠五千领，角弩三千一百张，于是司马懿退还保营。

建兴十二年（234）二月，诸葛亮率大军出斜谷道，据武功五丈原（今陕西省岐山南），屯田于渭滨，与司马懿对峙于渭南。期间诸葛亮尽管屡屡遣使者下战书，但司马懿忍辱据守不出。诸葛亮于是分兵屯田，在魏国境内与魏国百姓共同种粮自给自足，打算长期驻扎下去，但诸葛亮因过于操劳而病重。

建兴十二年(234)八月，积劳成疾的诸葛亮病故于五丈原(宝鸡岐山境内)，享年五十四岁。姜维等遵照诸葛亮遗嘱，秘不发丧，缓缓退军。司马懿率军追击，见蜀汉军队伍齐整，帅旗飘扬，诸葛亮羽扇纶巾坐在指挥车里。司马懿怀疑是诸葛亮用计诱敌，赶紧策马收兵，放弃追赶。于是民间有“死诸葛吓走生仲达（司马懿）”之谚。蜀汉大军返回成都后，刘禅追谥诸葛亮为“忠武侯”。

诸葛亮是我国历史上杰出的政治家，被称誉为集忠、义、智、勇于一身，是我国历史上智慧神的化身。后人对诸葛亮评价颇高，“鞠躬尽瘁，死而后已”成为无数仁人志士的座右铭。同时，他身为蜀国首辅多年，却决不允许家人依仗他的权势贪占国家便宜，全家只靠几百棵桑树、几十亩薄田度日。因此，诸葛亮虽身居高位要职，却牢牢地守住了清廉自律的底线，“内无余帛，外无盈财”，成为一代名相、廉相。

三、“吴下阿蒙”：吕蒙

吕蒙(178—219)，字子明，三国时期东吴著名统帅，汝南富陂人(今安徽阜南县)。少年时依附姐夫邓当，随孙策为将。鲁肃去世后，代守陆口，设计袭取荆州，击败蜀汉名将关羽，使东吴国土面积大增，拜南郡太守，封孱陵侯，受勋殊隆。不久后因病去世，享年四十二岁。吕蒙发愤勤学的事迹，成为我国古代将领勤能补拙、笃志力学的代表。

1. 少有大志

吕蒙出生于一个贫困家庭，当时正值东汉末年，由于军阀混战，社会经济遭到严重破坏，人民流离失所。为了谋生，幼年的吕蒙不得不跟随母亲背井离乡，南渡长江，投靠在孙策部下任职的姐夫邓当。

吕蒙从小生活在军营里，养成了刚毅勇猛的性格，时时向往着自己能像姐夫邓当那样驰骋沙场，报国立功。兴平元年（194），年仅十五六岁的吕蒙私自随姐夫邓当前往战场作战。后为邓当发现，大惊，厉声呵斥也无法阻止。作战归来，邓当将此事告诉吕母。吕母很生气并要处罚吕蒙，吕蒙说："这贫贱的日子难以生活下去，说不定获得功劳，就能取得富贵。再说不入虎穴，焉得虎子？"母亲听罢，心生怜爱，因而饶恕了他。

当时，邓当手下有个官员见吕蒙年幼，就很轻视他，说："吕蒙那小子有什么能耐？这是想拿肉喂虎而已。"后来，又当面耻笑羞辱吕蒙。吕蒙非常气愤，拿起刀就把侮辱自己的人杀了，然后逃到同乡郑长家中。不久，校尉袁雄建议吕蒙出来自首，并且从中为他说情，将他推荐给孙策。孙策见吕蒙确有过人之处，便把他安排在身边做事。几年后，邓当去世，张昭等人推荐吕蒙接替邓当职务，任别部司马。

建安五年（200），孙策遇刺身亡。孙权接掌了江东的大权，想把那些统兵较少又发挥不了多少作用的年轻将领拣选出来，把他们的部下加以调整合并。吕蒙知道自己的部队一旦合并，再想有所作为就很困难了。于是，他想办法赊来物品，为部下赶制了绛色的服装和绑腿，并加紧操练。孙权检阅时，吕蒙兵马"陈列赫然，兵人练习"，孙权见后大悦，认为他治军有方。结果，孙权不但没有削减吕蒙的部队，反而还增加了他的兵员。

2. 屡建战功

建安九年（204），孙权讨伐黄祖，击破黄祖水军，获悉丹阳、豫章、庐陵三郡的山越族起事。孙权引军返回平乱，吕蒙随军征讨。到了豫章郡（治今江西南昌），孙权命征虏将军吕范平鄱阳（今江西鄱阳东北），荡寇将军程普进击乐安（今江西德兴东北），建昌都尉太史慈抚治海昏（今江西永修东）。

同时，令吕蒙与别部司马黄盖、韩当、周泰等率兵镇守险要，担任山越最为活跃地区的县令或县长。吕蒙与诸将遵照孙权的部署，各自以武力平定了本地区起事的山越族人。吕蒙因功被任命为平北都尉，兼任广德长。

建安十三年（208），孙权采纳将军甘宁建议，发兵进攻夏口（今湖北武汉境），吕蒙随军出征。江夏郡太守黄祖下令用艨艟战舰封锁沔口（汉水入长江口），用大棕绳系巨石为锥以固定舰位，上有千余人用弓弩交射，封锁江面，吴军进攻受阻。孙权命偏将军董袭、司马凌统各率百人敢死队，身穿重铠，乘大船冲抵艨艟舰旁，董袭挥刀砍断棕绳，战舰顺水漂流，孙权军遂溯流而进。黄祖见孙权兵来，急派水军都督陈就率兵反击。吕蒙统率前锋部队，跳上敌方战船，身先士卒，亲自斩杀陈就。孙军乘胜水陆并进，包围夏口城。孙权督军猛攻，终于攻下夏口，黄祖只身逃窜，被骑士冯则斩杀。此战，孙权一举歼灭宿敌黄祖，占领江夏地区。战后论功，孙权认为："这次战事的成功，起因在于先击败了陈就。"高度赞扬了吕蒙的首战之功，任命吕蒙为横野中郎将。

3. 刮目相看

建安十三年（208）十月，吕蒙跟随周瑜、程普等人在赤壁大破曹操，曹操引军北归，留曹仁等驻守江陵（今湖北荆州）。孙权命周瑜、程普统兵数万，与曹仁隔江相持。当时益州将领袭肃率军投诚，周瑜向孙权建议，把袭肃所部拨给吕蒙管辖。吕蒙却极力称扬袭肃有胆识，有才能，并说袭肃向慕教化，远道前来投诚，应该增加他的兵力，而不该褫夺他的兵权。孙权觉得吕蒙说得有理，便依照他的意思，归还了袭肃的部队。

不久，周瑜想要夺取江陵，先派甘宁袭取上游的夷陵城（今湖北宜昌），对江陵形成侧背威胁。于是，曹仁分兵围攻甘宁，欲夺回夷陵。甘宁向周瑜求援，诸将担心兵少，如救援夷陵，则造成江陵空虚。吕蒙对周瑜、程普说："留下凌公绩，我与您一道，前去救急解围，按情势不会要太多的时间，我保证凌公绩能固守十天。"接着又献策，劝周瑜派三百人用木柴把本来险峻的山路截断，当敌人逃跑时，我方就可获得他们的马匹。周瑜采纳了他的建议，亲率主力驰援夷陵，大破曹军于夷陵城下。曹军乘夜逃走，途经木柴堵塞的险路，骑马者不得不弃马步行。周瑜、吕蒙驱兵追赶截击，获得战马三百匹，军威大振。随即回师渡江，进军北岸，构筑营垒，向江陵发起进攻。此时，孙权为策应周瑜攻势，派兵包围合肥（今安徽合肥）。曹仁由于孤军无援，在近一年的交战中屡战失利，损失甚重，遂被迫放弃江陵城，退往荆州（治今湖北襄阳）。周瑜占领江陵，被孙权任命为南郡太守，控制了长江中游地带。吕蒙因功被任命为偏将军，兼任寻阳令，一位年轻、骁勇的将领开始在魏、蜀、吴错综复杂的斗争中崭露头角。

吕蒙虽然机智勇敢，但由于从小没有机会读书，当他担任镇守一方的大将时，没有文化的局限就暴露出来了。孙权感到吕蒙是一个很有培养前途的将领，于是就向他提出了学习深造的要求。一次，孙权就以东汉光武帝刘秀、曹操等人为例，对吕蒙说："你如今身居要职掌握重权，不可以不学习。"并建议他读《孙子》《六韬》《国语》等书。吕蒙推脱军务繁多，没有时间。孙权说："我难道是想要你研究儒家经典而成为学识渊博的学者吗！只要粗略地阅读，了解以往的事罢了。你说你事务繁忙，谁比得上我处理的事务多呢？我常常读书，自己感到有很大的收益。"孙权的劝勉使吕蒙受到很大的教育。吕蒙果然不负孙权的期望，在繁忙的军务中抽出时间，开始学习，日积月累，很快，他读的书超过了东吴地区宿儒耆旧所读的。孙权赞扬他"富贵荣显更能折节好学"，有国士之量。

建安十五年（210），周瑜病死，鲁肃接任。鲁肃到陆口（今湖北嘉鱼县西南）就任，途经吕蒙驻地寻阳（今湖北黄梅县西南），顺便拜访吕蒙。鲁肃为一代儒将，认为吕蒙是武夫出身，于是有些轻视他。酒到酣处，吕蒙问鲁肃："您受重任，与关羽邻接，将要采取何种策略，以防止意想不到的事情发生呢？"鲁肃仓促回答说："临时看情况办。"吕蒙说："现在孙、刘虽然是一家，但关羽实在是个如熊虎一样的将领，怎么不及早预定计谋呢？"于是，吕蒙详尽地分析其中的利害。鲁肃闻后，大惊，越席而起，快步走近吕蒙，亲切地拍着他的背，连声赞叹道："吕子明啊吕子明，我原以为你只有武略，没想到您现在这样知识渊博，才能谋略竟达到了如此程度。”还说：“以你如今的才略，再也不是以前的吴下阿蒙了！”吕蒙说：“士别三日，即更刮目相待，兄长知道这件事太晚了啊！”从此，二人结为亲密无间的好友。

4. 抗击曹操

建安十八年（213）正月，曹操亲率十万大军进攻孙权，进至濡须口（今安徽无为东南），攻破孙权军江西营寨，俘虏都督公孙阳。吕蒙随孙权统领七万部众抗御曹操。吕蒙多次献奇计，且均有效验。他还劝孙权在夹水口建立船坞。吕蒙防范敌兵，精到细密。后来，曹操遥望孙权的军队，见阵容威严，布防严密，慨叹说：“生子当如孙仲谋。”遂不敢轻易冒进，撤军而回。

建安十九年（214），曹操为充实军粮，派庐江（治今安徽六安北）太守朱光在皖城（今安徽潜山）地区屯兵耕地，种植稻谷。又派间谍招降鄱阳一带的强盗头目，作为内应。吕蒙认为：“皖县田地肥沃，如果粮食丰收，他们的兵员就会添增，这样一连几年，曹操的优势就显露出来了，应该早点拿下皖县。”孙权采纳了他的意见。

孙权率军沿江而上，进攻皖城。朱光收聚部众据城坚守。孙权问计于诸将，诸将欲修筑土山，添置攻城器具。吕蒙说：“制造攻城设备和堆土成山，须多日才能完工。到那时，敌人城防已经巩固，援兵必定到来，我们将不能夺得皖城。况且我军乘雨多水大而来，如果旷日久留，大水必定渐渐退走，我们回兵的道路上会遇到困难，我以为那是很危险的。现在看来，此城不会十分坚固，我三军士气高昂，四面齐攻，很快就可攻克，然后趁大水未退而回军，这才是大获全胜的策略。”孙权采纳了这一建议。

吕蒙举荐将军甘宁为升城督，率领精锐士卒，从拂晓发起猛攻。吕蒙擂鼓助威，甘宁身先士卒，吕蒙以精锐紧随登城，仅一顿饭时间，就将城攻破，朱光以及数万曹军被俘。驻守合肥的曹魏大将张辽得知皖城告急，急忙率兵驰援，至夹石（今安徽桐城以北）听说皖城已失守，只好退兵。

此战，对孙权控制江淮地域起重要作用。孙权认为此战吕蒙功劳最大，重加奖赏，当下任命他为庐江太守，所俘获的人马也都分给了吕蒙，还特赐他寻阳屯田六百户，官属三十人。

5. 智取三郡

刘备占据荆州，派关羽镇守。孙权屡次索要，刘备拒不归还。建安二十年（215），孙权派吕蒙率两万兵士去攻取长沙、零陵、桂阳三郡。吕蒙传檄长沙、桂阳，二郡望风归附，唯零陵太守郝普守城不降。刘备见形势危迫，匆忙从蜀郡赶到公安，命令关羽争夺三郡。

孙权当时驻在陆口，指挥诸军。孙权一面派鲁肃率万人屯驻益阳抵抗关羽，一面传递紧急文书给吕蒙，让他放弃零陵，立即回师增援鲁肃。当初吕蒙已平定长沙，率兵赶赴零陵，路过酃县时，顺路找到了零陵守将郝普的旧友邓玄之，把他带在军中，想让他诱降郝普。吕蒙得信后，他并未公布，而是连夜召集将领，布置方略，说天亮就要攻城。

布置完毕，他对邓玄之说："郝子太（郝普）知道世间存有忠义，也想行忠义之事，但不明白时势。左将军刘备在汉中，被夏侯渊围困住。关羽在南郡，而今我们主上亲自前抵南郡。近来攻破樊城关羽的大本营，解救酃县，关羽已被孙规击败。这些都是近期发生的事，您都亲眼所见。他们现在首尾各处一方，自救都来不及，哪有余力再营救零陵啊！现在我们的士卒精锐，人人都想为国立功，主上正调遣大军，相继上路进发。眼下子太的性命朝夕难保，却苦等毫无希望的救援，就同牛脚印坑中积水里的鱼，还希望用江、汉的水来活命，其毫无希望也是很清楚的事。如果子太能够将士齐心，坚守孤城，尚能苟延残喘一些日子，以等待后来有所投靠，这也算可行。如今我缜密计划安排好兵力，用来攻城，过不了一天，就会将城攻破，城破之后，他自己身死于事无补，而让百岁的老母，满头白发受人诛杀，岂不痛心？我猜想他是得不到外面的信息，还以为有外援依靠，故此才顽固到今天这个地步。您可前去见他，向他陈述这种利害。"

邓玄之会见郝普，把吕蒙的意思转述给他。郝普信以为真，心中恐惧，准备投降。邓玄之先出城报告吕蒙，说郝普一会儿便至。吕蒙预先命令四位部属将领各选百人，待郝普出城，马上抢入，守住城门。不久，郝普出城，吕蒙迎上去，拉住其手，跟他一起上了船。寒暄之后，拿出孙权的紧急文书给他看，拍着手大笑。郝普接过文书，得知刘备已到公安，关羽已到益阳，方知中计。

吕蒙兵不血刃智取零陵郡后，刘备因后方吃紧，被迫与孙权讲和。孙权也想乘机攻取合肥，同意罢兵。双方议定以湘水为界，孙权把零陵郡和郝普等还给刘备。孙权为表彰吕蒙的战功，以寻阳、阳新为吕蒙的食邑。

建安二十二年（217）正月，魏王曹操再次兴师伐吴，进至居巢（今安徽巢湖东北）。孙权即在濡须口筑城据守，以扼控濡须水与长江交汇处。同时，以吕蒙为都督，令其率军守濡须坞（今安徽省含山县东关镇），凭借以前所建的船坞，设置强弩万张以拒曹军。曹操的前锋尚未安营，吕蒙即率兵出击，将其击溃。由于吕蒙等的奋勇抵抗，曹军久攻濡须口不克。三月，曹操见难以急战速胜，遂率军撤回。吕蒙因此被任命为左护军、虎威将军。

建安二十二年（217）年冬，镇守陆口的鲁肃去世。吕蒙代其为将，西驻陆口，原来鲁肃所部人马万余人全都归吕蒙指挥。孙权任命吕蒙为汉昌太守，增食下隽、刘阳、汉昌、州陵。

6. 擒杀关羽

建安二十四年（219）六月，刘备继取汉中后，派部攻占汉中郡东部的房陵、上庸等地，势力有所扩展。七月，孙权欲攻合肥，魏军大部调动至淮南防备吴军。镇守荆州的关羽，抓住战机，留南郡（治今湖北荆州）太守糜芳守江陵，将军傅士仁守公安（今湖北公安西北），自率主力北攻荆襄。

关羽率主力北上攻打曹军，吕蒙认为这是东吴收回荆州的绝好时机。他上书孙权说："关羽攻打樊城而留下很多守兵，必定是害怕我袭击他后方的缘故。我时常生病，可以以治病为名，分一部分士兵和我一起回建业。关羽听说这个消息后，就会撤掉守兵，全部开赴襄阳。那时，我们的大军走水路，乘船逆流而上，乘他不备，袭取他的空虚所在，那么就可以夺得南郡，擒获关羽。"

上书后，吕蒙就对外声言病重，孙权则公开下达文书，召他回建业。关羽闻讯果然中计，逐渐把守备兵力调往樊城。

吕蒙奉孙权之召返回建业，途经芜湖，帐下右部督陆逊前来拜见，对吕蒙说："关羽和您的防区相邻，为什么远远离开，以后不会为此而担忧吗？"吕蒙说："的确如你所说，可是我病得很重。"陆逊："关羽自负骁勇，欺压他人，刚刚取得大功，骄傲自大，一心致力向北进攻，对我军未加怀疑，如今听说您病重，必然更无防备，如果出其不意，就可以将他擒服。您见到主公，应该妥善筹划此事。"吕蒙大惊，以为泄露了军机，便说："关羽素来勇猛善战，我们很难与他为敌，况且他已占据荆州，大施恩德和信义，再加上刚刚取得很大成功，胆略和气势更加旺盛，不易对付。"

到建业后，吕蒙拜见孙权，孙权问吕蒙谁可以替他在陆口指挥，吕蒙极力推荐陆逊，并说："陆逊思虑深远，有能力担负重任，看他的气度，终究可以大用；而且他没有大名声，不是关羽所顾忌的人，没有人比他更合适了。如果用他，应该要他在外隐藏锋芒，内里观察形势，寻找可乘之机，然后向敌人进攻，可以取得胜利。"

于是孙权下令由陆逊代替吕蒙。陆逊来到陆口，马上写信给关羽，表示自己对他的仰慕，并且表示绝不与关羽为敌。关羽更加大意。

不久，关羽由于作战取胜，新得人马数万，导致粮食匮乏。为解燃眉之急，关羽竟擅自强占东吴贮藏的粮食。孙权得知此事，觉得时机成熟，便派兵袭击关羽。孙权准备任命征虏将军孙皎和吕蒙为左、右两路军队的最高统帅，吕蒙说："如果您认为征虏将军有才能，就应任用他为统帅；若认为我有才能，就应任用我。以前，周瑜和程普为左、右部督，率兵攻打江陵，虽然事情由周瑜做决定，然而程普恃自己是老将，而且二人都是统帅，于是双方不和睦，差点败坏国家大事，这正是现在要引以为戒的。"孙权醒悟，急忙向吕蒙道谢说："以你为统帅，可以任命孙皎做你的后援。"

十一月，孙权西征关羽，任命吕蒙为前部，率军隐蔽前出，进至寻阳。吕蒙把精锐士卒埋伏在伪装的商船中，令将士身穿白衣，化装成商人，招募百姓摇橹划桨，昼夜兼程，溯江急驶，直向江陵进袭，一切都进行得十分隐蔽。驻守江防的蜀军士兵被伪装的吴军所骗，猝不及防，全部被俘虏。江陵城内空虚，陷入混乱。吕蒙先让人写信诱降驻守公安的蜀将傅士仁，又使傅士仁引吴军迫降守江陵的蜀南郡太守糜芳。糜芳献城出迎，吕蒙遂率大军进据江陵。从而，东吴一举夺回被刘备长期占据的荆州。

吕蒙占据南郡后，凡是关羽及其将士的家属，无不倍加抚慰。同时，约束吴军不得擅自掳掠民间财物。当时关羽已被曹军徐晃击败，听说江陵失守，更是惊慌，急忙撤军而回。回军途中，数次派人与吕蒙联络，吕蒙热情接待关羽派来的使者，带他到城中周游，让他到将士们家中去慰问。使者回到关羽军中，将士们得知家中不但平安无事，而且所受到的优抚超过了平时，顿时军无斗志。

此时，孙权已先到达江陵，派陆逊攻占夷陵、秭归（今湖北秭归），切断了关羽入川退路。关羽向驻扎上庸的蜀将刘封、孟达求援未果，陷于进退失据、腹背受敌的困境，遂西走麦城（今湖北当阳市东南）。十二月，关羽率少数骑兵从麦城突围，西逃璋乡（今湖北当阳市东北），其部下皆降于孙权。孙权又派朱然、潘璋截断了关羽部的道路，关羽父子被擒获杀掉。

7. 臣死君忧

江陵一战，东吴占领了整个荆州，势力扩展到长江三峡以东广大地区，基本奠定了魏、蜀、吴三国分割长江中游地区的格局。

此战吕蒙立功最大，孙权任命他为南郡太守，封孱陵侯。封爵还未颁布，吕蒙疾病发作。孙权把吕蒙接到自己的营地，千方百计医治护理，并且下令在国内招募医者，若有能治好吕蒙病的人，赏赐千金。

孙权尽心为吕蒙治疗，每当医者给吕蒙针灸，孙权就为之难过。孙权想多看看吕蒙，又怕他太过劳碌，于是命人凿通墙壁暗中观看。如发现吕蒙吃下点东西，孙权就高兴，对手下人有说有笑；如发现吕蒙不进饮食，孙权就长吁短叹，夜不能寐。吕蒙病情略有好转，孙权就下达赦令，让群臣都来庆贺。后来，吕蒙病情加重，孙权亲自到床前探视，命道士为他祈祷，想保全他的性命，又问吕蒙：“假如你不能再起来为我效力，谁可以代替你镇守江陵呢？”

吕蒙回答说："朱然胆略、守业都充足有余，我认为他可以代替我接受任命。"

吕蒙去世后，孙权悲痛万分，缩食减眠以示哀悼。并赐给他守冢墓的人家三百户，免收田赋的田地五十顷。

吕蒙早年果敢有胆，后来折节读书，识见精博，渐能克己让人，有国士之风。他于军务倥偬之际，仍勤于修学读书，终成一代名将。他忠于孙吴，为孙权尽心尽力筹谋。毛泽东曾多次对解放军将领们说：吕蒙如不折节读书，善用兵，能攻心，怎能充当东吴统帅？我们解放军许多将士都是行伍出身的，不可不读《吕蒙传》。

四、文武双全的皇帝：曹丕

南北朝时期著名文学家江淹在《杂体诗·魏文帝曹丕游宴》一诗中写道："置酒坐飞阁，逍遥临华池。神飙自远至，左右芙蓉披。绿竹夹清水，秋兰被幽崖。月出照园中，冠佩相追随。客从南楚来，为我吹参差。渊鱼犹伏浦，听者未云疲。高文一何绮，小儒安足为。肃肃广殿阴，雀声愁北林。众宾还城邑，何用慰我心。"生动再现了魏文帝曹丕游宴的场景。

曹丕（187—226），字子桓，曹操的第二子。三国时期豫州沛国谯（今安徽省亳州市）人，我国古代著名的政治家、文学家，曹魏政权开国皇帝。

1. 文韬武略

汉中平四年（187）冬，曹丕生于谯县，他的亲生母亲是曹操的二夫人卞氏，与曹彰、曹植同父同母。据史籍记载，曹丕出生的那一天，曹家大院上空突然出现一群大雁，雁群盘旋鸣叫了很长一段时间才飞走他处。时值隆冬时节，有此吉兆，曹操非常高兴，认为这个新生婴儿将来会大有作为，因此也格外器重这个儿子。

曹丕自幼天资聪颖，据文献记载，他"少诵诗、论，及长而备历五经四部、史汉、诸子百家之言，靡不毕览”。曹丕出生的时代正值东汉末年乱世之际，曹操认为时下兵荒马乱，于是就格外重视对曹丕进行军事训练。八岁时，曹丕就相继学会了射箭和骑马。从十岁起，曹操就带着曹丕南征北战，让他感受战场的军事实战情况。长时间的军旅生活不仅锻炼了曹丕强健的体魄，而且还丰富了他的见闻。曹丕随着年龄的增长与阅历的增加，艰苦生活环境带来的精神冲击，逐渐形成了他特有的沉郁性格气质。

在安徽亳州当地至今流传着这么一个故事：曹操五十岁那年春天，他携儿带女，离开京城，回乡祭祖。曹操故居在谯郡城东的涡河南岸，祖坟在谯城南郊。这一天，曹操和儿女们祭扫祖坟回来，沿路看到田园放青，绿树成荫，涡水逶迤，菱荷飘香，鸟飞兽走，蝶闹蜂忙。此情此景让曹操感慨良多，他在马上捋了捋胡须，乐呵呵地问曹丕、曹植兄弟二人：“数十年戎马倥偬，所见皆是烟突火冒，尸骨如山，今日返乡，景色怡然，别有一番风采。你们二人笔墨尚可，每人写一首《临涡赋》如何？”二人欣然从命。

众人回到府宅，曹丕、曹植各回书房磨墨铺纸，提笔构思。曹丕写了又涂，涂了又写，所写诗章，总不满意。曹丕本来才华横溢，诗词歌赋，出口成章，为什么今天写不好了呢？原来他想得太多了，他想到父亲立继承人这件事上去了。他想：继承人本应是我曹丕，可父王总认为子建的才华超过我，意欲立弟弟曹植。今日出题作文，可能又是测试我二人的才华，这可是关系到我一生命运的大事啊！他想曹植可能已经写好了吧。于是，心生一计，连忙走到曹植书房中，见曹植正躺在床上闭目养神，就问：“小弟，赋写好了吗？”曹植见哥哥来了，连忙起身相迎，说：“写好了。”“我看看写得怎样？”曹植不假思索地拿起早已写好的诗稿递给哥哥。曹丕拿过诗稿看了一遍，果然写得好。但他故作吃惊地说：“咱俩怎么不谋而合，写得一样？这真是一娘同胞，学出一师啊！”曹植也觉奇怪，就说：“哥哥写的呢？让我也看看好吧。”曹丕说：“没带身上，我拿来你看。”说罢，将曹植的诗稿放在桌上，转身回房去拿。他根本没写好，哪里拿去呢？原来曹丕有过目不忘的记忆力，曹植写的诗，他已背了下来。回到房中，他提起笔来，“唰唰唰”将曹植的诗稍加改造，录在纸上。他拿起诗稿，给曹植去看。曹植一看，果然相差不多。但是，他见纸上墨迹尚湿，突然明白了，就说："哥哥，既是一样，我的诗稿就不必拿去给父王看了，以免父王生疑。请你代我向父王请罪告免，就说我偶感风寒，身体不适，不能写了。"说完就将自己写的《临涡赋》撕了。

曹丕说："也好，只是委屈了弟弟。"曹丕拿着诗稿直奔书房去了。见到父亲，曹丕照曹植的话说了一遍，曹操甚为惋惜，说："将你写的念给我听听吧。"曹丕很得意，便将"荫高树兮临曲涡"这六句念道出来了。

曹操听了，捋了捋胡子道："还好还好，不辱曹氏门第！"从此，曹操觉得曹丕的才华并不弱于曹植。曹植身上一直改不掉的狂病，倒使曹操颇有几分生气。

多年的征战使得曹丕在军事方面也是足智多谋。建安七年（202），曹操与袁绍在官渡相持不下。此时的曹操兵少将寡，很难和袁绍抗衡。为了壮大自己的军事力量，曹操到家乡亳州招募军队，扩编队伍。

曹丕见到父亲的兵力与对手袁绍的兵力悬殊，便对父亲说："实则虚，虚则实。您可令城中驻军以城中心为起点，从城下把东西南北四门挖通。"曹操虽然不知道曹丕葫芦里卖什么药，但他相信曹丕肯定别有用意，就命令曹丕督促部下进行开挖。经过一年多的时间，一条纵横交错相通、隐攻息屯自如的隐兵道顺利挖成。于是，曹丕就把所招募到的数量不多的士兵，从暗道悄悄地送出城外，再从城外进入隐兵道开进城内，如此循环反复好多天。自此，全国各地都传说曹操招募到百万神兵，所遇敌手无不未战先怕。曹丕这一机智表现赢得曹操的称赞。如今在亳州市里还保留着当时的运兵道，已成为亳州市 AAAA 级景区。

除了机智有谋，曹丕的剑术在曹军中也享有赞誉。据相关史料记载，有一次，曹丕和曹操部下饮宴，其中有一个叫邓展的比较精通武术，擅长运用各种兵器。因此，曹丕就和邓展谈论起剑术，谈着谈着就以手中的甘蔗为剑，在宴席上对打起来。几个回合下来，曹丕连续三次击中邓展的手臂。邓展更不服气，要求再来一次。曹丕就故意对他说："我的剑快而集中，很难击中对方的面部，因此只是打中了你的手臂。”邓展说：“别说了，我们再来一次吧。”曹丕知道这次邓展一定会突然间向自己的中路猛攻，就装假不经意地向邓展进击。邓展果然如曹丕所料，猛地冲杀过来，曹丕迅速退步闪过。接着，他出手如风，从上方截击，一下打中邓展的额角，这一下使得一同喝酒的人都禁不住惊叫起来。

2. 代汉称帝

曹丕是曹操的次子，由于曹操长子曹昂很早就在征战中战死了，关于继承人的选择，曹操曾考虑了很长时间。开始曹操打算传位给曹丕的庶弟曹冲。曹冲由于聪明仁厚而深得曹操的宠爱，曹操曾把他看作自己继承人的不二人选，但遗憾的是，曹冲十三岁就患病夭折了。曹冲死后，曹操曾对曹丕说：“此我之不幸，而汝曹之幸也。”曹丕后来也常对人说：“若使仓舒（指曹冲）在，我亦无天下。”不久，和曹丕同一个母亲的曹植以风流文采而深受曹操喜爱。于是就发生了曹丕、曹植兄弟间的夺嫡之争。

由于曹操长期在立嗣问题上狐疑不决，时间一长，他的下属同僚之间渐渐形成了拥护曹丕和拥护曹植的两个势力集团。为了自己的主子能够继承王位，两大势力集团各自结为党羽，设计谋、造舆论，尔虞我诈，互相倾轧。拥护曹植的杨修出身东汉名门“弘农杨氏”，是个智谋过人的奇士，又身为曹操的主簿，消息特别灵通，对曹植十分有利。通过他出谋划策，曹植在这场争夺战中渐占优势。但曹植自身“任性而行，不自雕励，饮酒不节”的行为让曹操很不喜欢。建安二十二年（217），曹丕在司马懿、吴质等大臣帮助下，运用各种计谋在继承权的争夺中战胜了曹植，被立为魏王世子。

延康元年（220）正月，曹操病逝。曹丕继承丞相位，称魏王，改建安二十五年为延康元年。同年年底，曹丕在汉献帝多次禅让后登受禅台称帝，改元黄初，改雒阳为洛阳，大赦天下。

曹丕代汉称帝，结束了汉朝四百余年的统治，开创了士族政治的先河。早在曹丕即位魏王之初便出台两项新政：第一项新政是废除中常侍和小黄门，改设散骑常侍、散骑侍郎，定员各四人，同时又宣布：严禁宦人干政，宦人为官最高只能充任“诸署令”，从制度上铲除宦官干政的根源。第二项新政是采纳陈群的意见，确立九品中正制，成功缓和了曹氏与士族的关系，取得了他们的支持，为称帝奠定基础。

登基之后，曹丕坚持大权独揽，设立中书省，其官员改由士人充任，原由尚书郎担任的诏令文书起草之责转由中书省官员担任，机要大权逐渐转移到中书省。他规定后宫不得干预朝政，群臣不得向太后奏事，后族之家不得当辅政之任。同时，他还削夺藩王权利，严格监视曹魏藩王的举动。

在经济方面，曹丕继承和发展曹操创制的屯田制，施行谷帛易市，稳定社会秩序。同时，采取战略防守，恢复生产，与民休养，使北方地区重现安定繁荣局面。

文化上，曹丕重视文教、礼乐。他下令凡人口十万以上的郡国每年察举孝廉一人，如有特别优秀的人才，可以不受户口限制。颁布《取士勿限年诏》，下令打破年龄界限，提出无论老幼只要“儒通经术，吏达文法”都可试用。黄初五年（224），曹丕封孔子后人孔羡为宗圣侯，享食邑百户，重修孔庙，在各地大兴儒学，立太学，置五经课试之法，设立春秋穀梁博士。曹丕的这些举措，在短期内使封建正统文化得以复兴。

曹丕生于谯县，视故乡为“龙兴之地”，称帝后改谯县为陪都，使谯县辖区扩大，人口增多，生产有所恢复。延康元年（220），曹丕登皇位不久，即率军入谯，设宴“大飨六军及谯父老百姓于邑东”，并下令立“大飨之碑”，免除故乡百姓田租，减轻谯地人民负担。他还徙民屯于谯，促进故乡的生产发展。

3. 文学成就

曹丕是我国三国时期杰出的诗人，是建安文学的积极创作者和热心倡导者。他的文学作品非常丰富，“自所勒成垂百篇”。他所写的诗歌形式多样，而以五、七言为长，语言通俗，具有民歌精神。写作手法则委婉细致，回环往复，是描写男女爱情和游子思妇题材的个中能手。其中，代表曹丕诗歌最高成就的《燕歌行》是我国现存最早最完整的七言诗。该诗从“思妇”的角度，反映了东汉末年战乱流离的现状，表达出被迫分离的男女内心的怨愤和惆怅。

> 秋风萧瑟天气凉，草木摇落露为霜。群燕辞归雁南翔，念君客游思断肠。慊慊思归恋故乡，君何淹留寄他方。贱妾茕茕守空房，忧来思君不敢忘，不觉泪下沾衣裳。援琴鸣弦发清商，短歌微吟不能长。明月皎皎照我床，星汉西流夜未央。牵牛织女遥相望，尔独何辜限河梁！

全诗用词不加雕琢，音节婉约，情致流转，被王夫之盛赞“倾情，倾度，倾色，倾声，古今无两”。

除了诗歌，曹丕在文学理论上也颇有建树。他写的《典论·论文》是我国最早的文学理论与批评著作，提出了前人从未涉及的新课题，对我国文学评论的发展颇有贡献。鲁迅称：“他（曹丕）说诗赋不必寓教训，反对当时那些寓教训于诗赋的见解，用近代的文学眼光来看，曹丕的一个时代可说是‘文学的自觉时代’，或如近代所说是为艺术而艺术的一派。”

黄初七年（226）五月十七日（6月29日），曹丕病逝，终年四十岁，谥号“文皇帝”，庙号“高祖”。

> 曹丕是我国历史上少有的能文能武的封建帝王，他虽然只活了四十岁，在位七年，但是他开创的九品中正选官制度在我国政治制度史上影响深远。他在文学方面的贡献更是可圈可点。陈寿在《三国志》中评价曹丕说：“文帝天资文藻，下笔成章，博闻强识，才艺兼该；若加之旷大之度，励以公平之诚，迈志存道，克广德心，则古之贤主，何远之有哉！”毛泽东在评价曹操时曾说：“曹丕也是他儿子，也有些才华，但远不如曹操。曹丕在政治上也平庸，可他后来做了皇帝，是魏文帝。历史上所称的‘建安文学’，实际就是集中于他们父子的周围。一家两代人都有才华、有名气，在历史上也不多见哪！”

五、“竹林七贤”之一：嵇康

“翛然柳下锻，岂不遗世喧。一忤贵公子，鸣弦竟谁冤。性烈才且隽，有味孙登言。”这是宋朝诗人韩维描写魏晋时期“竹林七贤”之首嵇康的诗句。

嵇康（224—263），字叔夜。三国曹魏时期谯国铚县（今安徽省濉溪县临涣镇）人。我国古代著名思想家、音乐家、文学家。嵇康与阮籍等竹林名士共倡玄学新风，主张“越名教而任自然”“审贵贱而通物情”，为“竹林七贤”的精神领袖。

1. 才貌双全

嵇康生于魏文帝黄初五年（224），他的祖先本姓奚，住在会稽上虞（今浙江省绍兴市上虞区）。后来，其曾祖父为躲避仇家，迁徙到谯国的铚县（今安徽省濉溪县临涣镇），并改姓为嵇。嵇康的父亲嵇昭，字子远，官至督军粮治书侍御史。嵇康在家排行老三，上面有两个哥哥，大哥嵇安，二哥嵇喜。其中嵇喜早年即以秀才身份从军，后官至太仆、宗正。

嵇康三岁前后，他的父亲由于积劳成疾而病逝。年幼的嵇康跟着贤惠能干的母亲和大哥嵇安一起生活。据文献记载，嵇康幼年聪颖，博览群书，对各种技艺非常喜好。他的二哥嵇喜说他：“家世儒学，少有俊才，旷迈不群，高亮任性，不修名誉，宽简有大量。学不师授，博洽多闻，长而好老、庄之业，恬静无欲。”由于缺少父亲的严格教导，加上母亲和兄长的溺爱，嵇康的童年生活颇为骄纵。据他自己记述，幼年的他常常一个月不洗脸，直到脏痒难忍，方才洗澡。母亲和哥哥也不特别强迫他学习儒业，而是任其自由发展。

成年后的嵇康身长七尺八寸（相当于今天一米八左右），容止出众。他的好友山涛曾这样描述他：“嵇叔夜之为人也，岩岩若孤松之独立；其醉也，傀俄若玉山之将崩。”《晋书·列传第十九》中如此记载：嵇康“身长七尺八寸，美词气，有风仪，而土木形骸，不自藻饰，人以为龙章凤姿，天质自然。恬静寡欲，含垢匿瑕，宽简有大量。学不师受，博览无不该通”。堪称魏晋之际的“美男子”。

嵇康二十岁时，才华横溢、仪表出众的他在族叔嵇高的介绍下迎娶了曹操的孙女、沛王曹林的女儿长乐亭主曹慧为妻，成为曹魏宗室的女婿。在吏部尚书何晏的引荐下获拜郎中，后任中散大夫。嵇康与妻子恩爱有加，育有一儿一女，其子就是后来嵇康临刑之际托付给好友山涛的嵇绍。

2. “龙性难驯”

嵇康生活的年代正处于魏晋交替、政治动乱的时期。正始十年（249），司马懿在京城发动政变，司马氏家族通过几代人的努力，终于掌握了魏国的权柄，对曹氏宗室进行残酷迫害。在政治上采取了与司马氏不合作态度的嵇康，为了躲避迫害，与阮籍、山涛、向秀、王戎、刘伶、阮咸等人隐居山林之中，终日饮酒畅谈，号称“竹林七贤”。

嵇康旷达狂放，自由懒散，“又纵逸来久，情意傲散”。他在接受老庄的思想之后，“重增其放，使荣进之心日颓，任逸之情转笃”，在懒散与自由里孕育着嵇康的狂放和旷达。

嵇康年轻时傲世，对礼法之士不屑一顾。好友向秀曾叙述其与嵇康的友谊：“余与嵇康、吕安，居止接近。其人并有不羁之才。嵇志远而疏，吕心旷而放。”

身出名门的钟会是著名书法家钟繇的儿子，“敏慧夙成，少有才气”。但是嵇康拒绝与其交往。然而，钟会对年长其两岁的嵇康敬佩有加。《世说新语》记载：钟会撰写完《四本论》时，想求嵇康一见，可又怕嵇康看不上，情急之中，竟“于户外遥掷，便回急走”。

信奉老庄思想的嵇康主张回归自然，超然物外得自在，不为世俗所拘。《晋书・嵇康传》写道：“康居贫，尝与向秀共锻于大树之下，以自赡给。”他以打铁来表示自己的“远迈不群”和对世俗的藐视。《文士传》里也说嵇康“性绝巧，能锻铁”。嵇康爱好打铁，铁铺子在后园一棵枝叶茂密的柳树下，他引来山泉，绕着柳树筑了一个小小的游泳池，打铁累了，就跳进池子里泡一会儿。见到的人不是赞叹他“萧萧肃肃，爽朗清举”，就是夸他“肃肃如松下风，高而徐引”。一天，身世显赫的钟会再次造访嵇康，嵇康不加理睬，心无旁骛地在大树下打铁。感觉无趣的钟会站了一会便准备离开。当钟会转身想要离去之际，嵇康突然大声问钟会：“何所闻而来，何所见而去？”钟会回答：“闻所闻而来，见所见而去。”嵇康不友好的举动让钟会记恨在心。

嵇康崇尚老庄思想，讲求养生服食之道，主张“越名教而任自然”的生活方式。他赞美古代隐者达士的事迹，向往出世的生活，不愿出仕为官。他常修炼养性服食内丹之事，弹琴吟诗，自我满足。据文献记载，嵇康曾经游于山泽采药，得意之时，恍惚之间忘了回家。当时有砍柴的人遇到他，都认为是神仙。到汲郡山中见到隐士孙登，嵇康便跟他遨游。孙登沉默自守，不说什么话。嵇康临离开时，孙登说：“你性情刚烈而才气俊杰，怎么能免除灾祸啊？”嵇康又遇到隐士王烈，一道入山中。王烈曾感叹道：“嵇康志趣不同寻常却总是怀才不遇，这是命啊！”

掌权的司马氏集团为了扩张自己的势力，极力拉拢社会上的贤人名士。他们想要礼聘嵇康为幕府属官，然而嵇康跑到河东郡躲避征辟。同为竹林七贤的山涛也极力举荐嵇康代替自己为官。嵇康不但非常生气，而且还作了《与山巨源绝交书》一文，列出自己有“七不堪”“二不可”，坚决拒绝为司马氏集团服务。

3.“广陵散绝”

吕巽、吕安两兄弟都是嵇康的朋友。一天，吕巽见弟弟吕安的老婆貌美而将其奸污。事发后，气愤的吕安欲诉之于官府。吕巽急忙请嵇康从中调停。嵇康因与二人的关系非同一般，遂应吕巽之请，出面调停，把这件事情按了下来。不料，事后吕巽倒打一耙，恶人先告状，说吕安不孝顺。有口难辩的吕安想到了他心目中最尊贵的朋友嵇康。嵇康得知后拍案而起，愤怒之余写下了《与吕长悌绝交书》，痛骂吕巽一顿。然而，被哥哥诬陷的吕安最终还是遭到官府的抓捕，居间调停的嵇康也因此受到牵连，被投入监狱。

身处监狱的嵇康创作了许多首诗歌，深情地回顾了自己自幼丧父，母亲和兄长“有慈无威”“不训不师”的童年时代；抒发了长大后“托好老庄，贱物贵身。志在守朴，养素全真”的志向。同时，他对自己在处理吕氏兄弟纠纷一事中的粗疏和固执深深自责。

此时，与嵇康素有恩怨的钟会，趁机向司马昭进谗言陷害嵇康，说嵇康“上不臣天子，下不事王侯，轻时傲世，不为物用，无益于今，有败于俗”，“言论放荡，非毁典谟”，“今不诛康，无以清洁王道”。并且建议司马昭立即将吕安、嵇康都处死。司马昭听了钟会的话，决定处死嵇康。

行刑当日，数千名太学生集体为嵇康请愿，请求朝廷赦免他。一意孤行的司马氏集团不顾众人的请愿。临刑前，嵇康神色不变。他看了看太阳的影子，知道离行刑尚有一段时间，便向兄长嵇喜要来平时爱用的琴，在刑场上弹了一曲《广陵散》。曲毕，嵇康把琴放下，叹息道：“从前袁孝尼（袁准）曾想跟我学习《广陵散》，我每每吝惜而固守不教授他，《广陵散》现在要失传了。”说完后，从容就戮。

嵇康临刑之前，把自己的一双儿女托付给了好友山涛，并对儿子嵇绍说：“巨源（山涛字）在，你不会成为孤儿了。”嵇康死后，山涛果真没有辜负嵇康的重托，一直把嵇绍养大成才。后来，嵇绍在山涛的大力举荐下，被晋武帝“发诏征之”，官至侍中，封弋阳子。在“八王之乱”中，嵇绍为保护晋惠帝而遇害。

4. 横溢才华

嵇康自幼通晓音律，尤其喜欢弹琴，并且写出了音乐理论著作《琴赋》《声无哀乐论》等。他认为声音的本质是“和”，合于天地是音乐的最高境界，认为喜怒哀乐从本质上讲并不是音乐的感情而是人的情感。他的《长清》《短清》《长侧》《短侧》四首琴曲，被称作“嵇氏四弄”，与蔡邕的“蔡氏五弄”合称“九弄”。后来，隋炀帝曾将弹奏“九弄”作为取仕条件。

嵇康的文学成果主要包括诗歌和散文。在他的现存的五十多首诗中有四言、五言、七言和杂言，而以四言成就较高，是继曹操的四言诗之后又一批成功之作。因此，何焯在《文选评》中称：“四言不为《风》《雅》所羁，直写胸中语，此叔夜所以高于潘、陆也。”宋代著名词人黄庭坚说：“嵇叔夜诗，豪壮清丽，无一点尘俗气。凡学作诗者，不可不成诵在心。想见其人，虽沉于世故者，暂得揽其余芳，便可扑去面上三斗俗尘矣。何况深其义味者乎？”

嵇康的散文也大多直抒胸臆，“刚肠疾恶，轻肆直言，遇事便发”。其中最有代表性的《与山巨源绝交书》更是传诵千古的名篇。

闻足下欲以吾自代，虽事不行，知足下故不知之也。恐足下羞庖人之独割，引尸祝以自助，故为足下陈其可否。

老子、庄周，吾之师也，亲居贱职；柳下惠、东方朔，达人也，安乎卑位。吾岂敢短之哉！又仲尼兼爱，不羞执鞭；子文无欲卿相，而三为令尹，是乃君子思济物之意也。所谓达能兼善而不渝，穷则自得而无闷。以此观之，故知尧、舜之居世，许由之岩栖，子房之佐汉，接舆之行歌，其揆一也。仰瞻数君，可谓能遂其志者也。故君子百行，殊途同致，循性而动，各附所安。故有“处朝廷而不出，入山林而不反”之论。且延陵高子臧之风，长卿慕相如之节，志气所托，亦不可夺也。

吾每读尚子平、台孝威传，慨然慕之，想其为人。加少孤露，母兄骄恣，不涉经学，又读《老》《庄》，重增其放，故使荣进之心日颓，任逸之情转笃。阮嗣宗口不论人过，吾每师之，而未能及。至性过人，与物无伤，惟饮酒过差耳，至为礼法之士所绳，疾之如仇雠，幸赖大将军保持之耳。吾以不如嗣宗之资，而有慢弛之阙；又不识物情，暗于机宜；无万石之慎，而有好尽之累；久与事接，疵衅日兴，虽欲无患，其可得乎！

又闻道士遗言，饵术黄精，令人久寿，意甚信之。游山泽，观鱼鸟，心甚乐之。一行作吏，此事便废，安能舍其所乐，而从其所惧哉！

夫人之相知，贵识其天性，因而济之。禹不逼伯成子高，全其长也；仲尼不假盖于子夏，护其短也。近诸葛孔明不迫元直以入蜀，华子鱼不强幼安以卿相，此可谓能相终始，真相知者也。自卜已审，若道尽途殚则已耳，足下无事冤之令转于沟壑也。

> 吾新失母兄之欢，意常凄切。女年十三，男年八岁，未及成人，况复多疾，顾此悢悢，如何可言。今但欲守陋巷，教养子孙，时时与亲旧叙离阔，陈说平生，浊酒一杯，弹琴一曲，志愿毕矣，岂可见黄门而称贞哉！若趣欲共登王途，期于相致，时为欢益，一旦迫之，必发狂疾。自非重雠，不至此也。既以解足下，并以为别。

在绝交书中嵇康不仅列出自己有“七不堪”“二不可”，坚决拒绝出仕，而且还直接抨击了司马氏集团的征伐、禅让篡位野心。明代大思想家李贽在谈到嵇康的《与山巨源绝交书》时曾说：“呜呼！如康之天才，稍加以学，抑又何当也，而肯袭前人之口吻，作不情之遁辞乎？然此书实峻绝可畏，千载之下，犹可想见其人。”明末清初大学者王夫之在《读通鉴论》里说：“孔融死而士气灰，嵇康死而清议绝。”

嵇康擅长书法，尤其工于草书，他的作品被列为草书妙品。后人称其书法“如抱琴半醉，酣歌高眠，又若众鸟时集，群乌乍散”。另外，嵇康在绘画方面也很有成就，他的《巢由洗耳图》《狮子击象图》等名作现在都已失佚。

嵇康继承并发展了老庄的养生思想，他根据自己的养生实践而写的《养生论》是我国养生学史上第一篇较全面、较系统的养生专论。此外，嵇康在教育思想方面具有强烈的反对儒学名教的战斗精神，主张“越名教而任自然”。他深刻揭露传统六经教育的虚伪性，痛斥“六经为芜秽”“仁义为臭腐”。他认为理想的教育应该“承天理物”“默然从道”，一切顺应自然，培养出至人与君子。

第四章
唐五代与明清时期

一、变色龙皇帝：朱温

朱温（852—912），别名朱全忠、朱晃、朱三，宋州砀山（现在的安徽省砀山县）人，五代十国后梁开国皇帝。朱温曾参加黄巢起义，屡获战功。他结束了大唐王朝280多年的统治，建立大梁王朝，翻开了五代十国的乱世。乾化二年（912）为儿子朱友珪所杀，终年61岁。

1. 早年经历

唐宣宗大中六年（852）十二月二十一日夜晚，朱温出生在宋州砀山县午沟里一户农家。传说朱温出生的那天晚上，天显异象，他家“所居庐舍之上，赤气上腾”，很远的地方都能看到一片红光。邻居都以为他家失火了，纷纷提着水桶，端着脸盆，赶去救火。谁知跑到他家门口一看，一切平静如常，什么事情也没有发生。当然，这个诡异事件也是在朱温显贵之后编造的，在明朝开国皇帝朱元璋出生时也有类似的传说。

朱温的父亲朱诚以耕读传家，在当地算是一个有点文化的人，因此幼年的朱温曾跟随他的父亲学习“五经”，接受一点文化教育。不久，他的父亲病死，朱家境况更为贫困。为了生存，朱温的母亲带着朱温和他的两个哥哥到萧县大户刘崇家帮佣。朱母给刘家织布洗衣服，朱温和两个哥哥从事耕作。

朱温从小比较调皮，喜欢使枪弄棒，蛮勇凶悍，时常在乡里惹是生非，所以周围人都很讨厌他。因为朱温是家中最小的孩子，所以他的母亲特别宠爱他。但是在寄人篱下、低人一等的环境中，他不安分守己，朱母又少不了经常斥责他，恨他不争气。在母亲面前，既被宠爱又被斥责；在主人刘崇面前，既受人白眼又被责打，这样的生长环境养成了朱温狡猾奸诈的品性。朱温长大成人后，不喜欢从事生产劳作，常常以豪雄英勇自许，与哥哥朱存自恃勇力而横行乡里。乡里人多数对他很反感，刘崇同样不喜欢他，只有刘崇的母亲善待他。

年轻的时候，朱温非常喜欢打猎。一天，他和二哥朱存在宋州郊外打猎，碰巧遇到前往龙元寺进香还愿的宋州刺史张蕤的女儿张惠。温柔贤惠、聪明美丽的张惠让朱温一见倾心，他便对二哥朱存说："汉光武帝曾经说过'仕宦当作执金吾，娶妻当如阴丽华'，当年阴丽华也不过如此，而我未尝不可以成为汉光武帝呢？总有一天，我非把张刺史的女儿娶为妻子不可。"朱存讥笑弟弟是癞蛤蟆想吃天鹅肉，自不量力，对朱温的这番大话并没有当回事。

2. 投身义军

朱温生活的时代正处于唐朝末年，大唐的繁华盛世已是明日黄花，朝廷统治腐败。唐僖宗乾符年间，原本富饶的关东地区连年饥荒，灾民遍地，成群的盗贼呼啸相聚。在曹州、濮州地区，黄巢领导数万饥民掀起了反唐的大旗。身处乱世的朱温认为机会来了，立即辞别刘崇家，投入黄巢军中。

投入黄巢起义队伍的朱温凭借着自身优势，奋勇战斗，多次获胜，很快便被提升为队长。接着，农民起义军进入两浙地区，攻克杭州，后又进军福建，再克广州，此后又北伐，最终攻克东都洛阳，然后乘胜破潼关，攻入唐都城长安，在长安建立"大齐"政权。这时的朱温已是东南面行营先锋使，驻守在东渭桥（今西安东北）。后来他又奉命转战河南一带，攻占了邓州（今河南邓州），使"大齐"政权东南面局势稳定下来。朱温得胜回长安时，黄巢亲自到灞上犒赏三军。经过数年的南征北战，三十而立的朱温已经成了"大齐"政权的功臣，成为农民起义军中的一员大将。

3. 叛归唐朝

中和二年（882）二月，黄巢任命朱温为同州防御使。朱温从丹州领兵南下，很快攻克同州。当时，和朱温隔河对峙的唐朝河中节度使王重荣有精兵数万，他投降过起义军，在唐僖宗逃到蜀地后号召各地将领围攻起义军时又重新叛归唐朝。由于兵力悬殊，朱温几次战败，他只得向黄巢求救。但是，黄巢援军一直没有前往，朱温一筹莫展，进退两难。此时，他的谋士趁机进言献策道："黄巢起家于草莽之中，只是趁唐朝衰乱之时才得以占领长安，并不是凭借功业才德建立的王业，不值得您和他长期共事。现在唐朝天子在蜀，各路兵马又逐渐逼近长安，这说明唐朝气数未尽。将军您在外苦战立功，政权内部却为庸人所制约，这就是先前秦朝大将章邯背叛秦国而归楚的原因。"

朱温感觉谋士说得句句在理，正合自己的心意，为了生存和前途，他便杀掉了黄巢安排在自己军中的监军使，率部投降了唐军。唐僖宗得知朱温归顺的消息，不禁大喜，兴奋地说："这真是天赐我也！"他立即下诏任命朱温为左金吾大将军、河中行营招讨副使，还赐给朱温一个名字——全忠。

4. 成就霸业

朱温当初参加黄巢起义仅仅是出于一种图富贵、出人头地的私心，为的是能够做官衣锦还乡。他归顺唐朝后，被朝廷任命为汴州（今河南开封）刺史、宣武军节度使，但要等收复京城长安后才能去赴任。为了早日赴任，朱温便与各路唐军合围长安，进攻昔日并肩作战的起义军。黄巢起义军无法抵挡，只得退出长安。朱温率部乘胜追击黄巢起义军，一直打到汴州。此后，朱温便以汴州为他的根据地，汴州后来成为后梁政权的首都。

中和四年（884）春天，朱温分兵打败围攻陈州的黄巢起义军，陈州解围。这时河东节度使李克用奉唐僖宗诏令，统率骑兵数千人马与朱温会合，再次大败黄巢起义军。为了表彰朱温的战功，唐僖宗加封他为检校司徒、同平章事，封为沛郡侯，享有一千户食邑。

光启二年（886），由于唐朝皇室势力微弱，许多道和州的军队不听皇室的指挥，兵变不断。唐朝政府多次派遣朱温出兵进行平叛。三月，唐僖宗颁布诏令封朱温为沛郡王。十二月，唐僖宗再次颁布诏令加封朱温为检校太傅，改封为吴兴郡王，享有三千户的食邑。

光启三年（887）二月，朱温按照诏命以朱珍为淄州刺史，派他到东道招募兵士，很快就招募到一万多人。为此，朱温高兴地说："我大事有成了。"于是朱温亲自领兵进攻叛军的营寨，接连攻克多座营寨，大败叛军。

文德元年（888）三月，唐昭宗即位。次年二月，昭宗诏令增加朱温邑实封一百户，赐给庄园和住宅各一处。不久，又加封朱温为检校太尉，兼任中书令。

经过多年的征战，朱温扫清了一个个对手，完全控制了黄河以南淮河以北的中原大地。从二十五岁参加黄巢起义军，到光化二年（899）攻太原（今山西太原）、占榆次（今山西榆次）时四十七岁，朱温经过二十余年的征战，羽翼丰满，野心不断膨胀，下一个目标他瞄上了皇帝宝座。

5. 建梁称帝

光化三年（900）十一月，大唐王朝宫廷内部发生叛乱，唐昭宗被宦官幽禁起来，太子李裕继位。第二年唐昭宗复位，改年号为"天复"，晋封朱温为东平王。这年十月，朱温兵临长安近郊。唐昭宗被劫持到凤翔投靠李茂贞。朱温追到凤翔城下，挟持唐昭宗回到长安，唐昭宗从此成了他的傀儡，对朱温唯命是从。不久，朱温杀掉宦官七百多人，被任命为守太尉，兼中书令、宣武军节度使、诸道兵马副元帅，晋爵为梁王，并加赐"回天再造竭忠守正功臣"的荣誉头衔。

天祐元年（904）正月，朱温上表请唐昭宗迁都洛阳。迁都洛阳不久，朱温命令朱友恭等心腹杀害了唐昭宗，立唐昭宗儿子、十三岁的李柷为皇帝。次年，朱温又命蒋玄晖杀死了李裕等人。接着，朱温在谋士李振的撺掇下，在滑州白马驿一举屠杀以裴枢为首的朝臣三十多人，史称"白马驿之祸"。经此一变，唐朝政权名存实亡。

天祐四年（907）四月，朱温正式称帝，更名为朱晃，庙号"太祖"，改元开平，国号大梁，历史上称"后梁"。

6. 政权建设

朱温称帝后，立即着手整顿唐末以来的混乱局面，在政治、军事、经济等方面采取一系列措施，巩固自己的统治。

政治方面：任用人才，整顿吏治。长期的战乱使得大批有才能的人或者被杀或者被迫隐匿，称帝后的朱温派人到民间搜寻贤良之人，特别针对那些身居下位有能力但没地方施展的人才，朱温往往都特加擢拔任用。同时，朱温采取一系列措施严惩豪强权贵。

军事方面：改革军法，改善军队与地方官员的关系。为了保证地方行政的顺利开展，规定军队将领在政务方面，一律听从地方官员管理和安排。这样一来，权责分明，自然有利于国家的安定团结。

经济方面：轻徭薄赋，发展农业生产。由于常年的战乱造成大批青壮年劳动力的损失，老百姓为躲避战乱以及繁重的赋税徭役，也纷纷离开土地流离失所，大量的农田被荒芜，对农业生产产生极为严重的影响。朱温建立政权后，狠抓农业生产，奖励农耕，减轻租赋，而且将耕牛租借给没有耕牛的农民进行生产。

乾化二年（912）二月，朱温由于征讨李存勖受挫而一病不起。病重以后，朱温自知时日不多，决定传位给颇有能力的养子朱友文。当时被贬到莱州担任刺史的朱温亲子朱友珪得知后，十分恐慌，决定发动叛乱夺取皇位。六月二十六日，朱友珪率领部下进宫，半夜砍断门闩进入朱温的寝殿，杀死了朱温。

朱温从一介布衣参加到唐末农民起义队伍，凭借自己的能力，最终成为封建社会中帝王的一员。他是唐王朝的终结者，又是后梁王朝的开创者。著名历史学家吕思勉在谈到朱温时说："梁太祖的私德，是有些缺点的，所以从前的史家，对他的批评，多不大好。然而私德只是私德，社会的情形复杂了，论人的标准，自亦随之而复杂，政治和道德、伦理，岂能并为一谈？在唐、五代之际，梁太祖确是能定乱和恤民的，而历来论者，多视为罪大恶极，甚有反偏袒后唐的，那就未免不知民族的大义了。"

毛泽东生前在评价历史上的帝王时多次提到朱温，曾说："朱温处四战之地，与曹操略同，而狡猾过之。"

二、从乞丐到皇帝：朱元璋

朱元璋（1328—1398），幼名重八，又名兴宗，字国瑞，元末濠州钟离（今安徽凤阳）人。1368年朱元璋在应天府称帝，建立大明王朝，年号洪武。朱元璋在位期间对各个方面都进行了改革，社会生产逐渐恢复和发展，史称"洪武之治"。1398年，朱元璋驾崩，享年七十一岁，庙号"太祖"，谥号"高皇帝"。

1. 出身布衣

根据朱元璋自己写的《朱氏世德碑》碑文记载，他的家族出自当时金陵的句容（今江苏省句容市），家住朱家巷，地属通德乡，朱元璋以上几代人都以农业为生。他的父亲和祖父以及曾祖父等数辈人都是老实巴交的庄稼人，由于忍受不了地主的盘剥和压榨，几经迁徙，直到他父亲这辈才落户到淮河边上的濠州。《明太祖实录》记载，朱元璋的父亲朱五四"勤俭忠实"，老实巴交，带领一家人起早贪黑在租种的几十亩薄地里辛苦刨食。天历元年（1328），朱元璋出生在濠州钟离孤庄村的一个贫农家庭，因在家族兄弟中排第八，所以叫朱重八。关于朱元璋的出生，作为明朝史实的第一手资料《明实录》写道：皇帝诞生这一天，"红光满室"，"自后，夜数有光，邻里遥见，惊以为火，皆奔救，至则无有，人咸异之"。还有文献记载，朱元璋出生后的第三天，他的父亲到河沟边打水给他洗澡，见有红罗漂到跟前，于是便拿回家给他做衣服，所以他居住的地方又叫"红罗障"。

朱元璋的幼年时期正值元朝末年，政治黑暗，民族矛盾尖锐，蒙古人统治下的汉人、南人都是贱民。赋役沉重，再加上灾荒不断，广大民众生活在水深火热之中。由于家里贫困无法读书，朱元璋从十多岁开始就以给村里的地主放牛为生。放牛之余，他最喜欢和同伴玩"做皇帝"游戏。吴晗在《朱元璋传》中写道：“你看，虽然光着脚，一身蓝布短衣裤全是窟窿补丁，破烂不堪，他却会把棕树叶子撕成丝丝，扎在嘴上做胡须，找一块车辐板顶在头上当平天冠，弄一条黄布包袱披在身上，土堆上一坐，自己做起皇帝来了。他让孩子们毕恭毕敬地双手拿着破木板当作朝笏一行行，一排排，整整齐齐三跪九叩头，同声喊万岁。”

1343年，濠州发生旱灾，粮食严重减产。次年春天又发生了严重的蝗灾和瘟疫，不到半个月，朱元璋的父亲、大哥以及母亲先后去世。后来，朱元璋在自撰的《皇陵碑》中回忆这段辛酸岁月时写道：“天灾流行，眷属罹殃，皇考终于六十有四，皇妣五十有九而亡，孟兄先死，合家守丧，田主德不我顾，呼叱昂昂，既不与地，邻里惆怅。”为了活命，朱元璋与二哥草草埋葬死去的亲人后，不得不与幸存的家人分开，各自逃生。这些往事，朱元璋在亲撰的《皇陵碑》中都有所追述：“既葬之后，家道惶惶。仲兄少弱，生计不张，孟嫂携幼，东归故乡。值天无雨，遗蝗腾翔，里人缺食，草木为粮。予亦何有，心惊若狂。乃与兄计，如何是常。兄云‘此去，各度凶荒’。兄为我哭，我为兄伤。皇天白日，泣断心肠。兄弟异路，哀恸遥苍。”

朱元璋走投无路，就去了皇觉寺剃度为僧做了小行童。不久，当地闹饥荒，寺里得不到施舍，住持只好打发众和尚出外云游化缘。这样，年仅十七岁的朱元璋也只好离开寺院托钵流浪，以讨饭为生。后来，朱元璋在《皇陵碑》中也描述了自己的三年流浪生活：

> 居未两月，寺主封仓，众各为计，云水飘飏。我何作为，百无所长。依亲自辱，仰天茫茫。既非可倚，侣影相将。朝突炊烟而急进，暮投古寺以趍跄。仰穹崖崔嵬而倚壁，听猿啼夜月而凄凉。魂悠悠而觅父母无有，志落魄而徜徉。西风鹤唳，俄淅沥以飞霜。身如飘蓬逐风而不止，心滚滚乎沸汤。一浮云乎三载，年方二十而强。

朱元璋边走边乞讨，他从濠州向南到了合肥，然后折向淮西进入河南的固始、信阳、汝州、陈州等地，后经鹿邑、亳州、颍州等地，于 1348 年又回到了皇觉寺。在流浪乞讨的三年中，朱元璋走遍了淮西的名都大邑，“阅人既多，历事亦熟”，接触了各地的风土人情，“人情善恶真伪，无不涉历”，见了世面，开阔了眼界，积累了社会生活经验。同时，艰苦的流浪生活也铸就了他坚毅、果敢的性格。

2. 投身义军

朱元璋在外游食的三年正是元末农民起义风起云涌的时期，当时社会上广泛流传着“明王出世，普度众生”的说法。民族矛盾以及阶级矛盾日益激化，再加上天灾频繁，走投无路的贫苦农民铤而走险。至正十一年（1351）五月，韩山童、刘福通在颍州（今安徽阜阳）揭竿而起，揭开了元末农民大起义的序幕。接着，蕲州、徐州等地也先后兴起多支反元武装。第二年正月，定远土豪郭子兴联合孙德崖等人起兵，数万百姓起而响应。25 岁的朱元璋走投无路，便去投奔郭子兴，成为红巾军的一员。

朱元璋入伍后，作战勇敢，机智灵活，很快得到郭子兴的赏识，被任命为亲兵九夫长，并且把养女马氏嫁给了他。

至正十三年（1353）六月，朱元璋回乡招募士兵，他少年时的伙伴徐达、周德兴、郭英等和同村邻乡的熟人纷纷前往投效，很快就招募到七百多人。朱元璋回到濠州，郭子兴十分高兴，提拔他做了镇抚。

当年冬天，朱元璋从自己招募的新兵中挑选了心腹徐达、汤和等二十四人再次离开濠州。他统率着这支队伍向东进发，乘夜攻破定远的元军营地，元军将领缪大亨投降。朱元璋从降军中挑选了精壮汉人两万人编入了自己的队伍，并南下攻占滁州。

至正十六年（1356），朱元璋一举攻克了和县。郭子兴即刻任命朱元璋为总兵官，镇守和州。不久，郭子兴病逝，小明王韩林儿任命郭子兴的儿子郭天叙为都元帅，朱元璋为左副元帅。朱元璋事实上成了这支队伍的主帅。

朱元璋在和州驻守几个月后，两支红巾军的巢湖水军前往归附，力量大增。七月间，朱元璋从和州东渡长江，攻克采石。接着，朱元璋率领队伍攻克太平，设置太平兴国翼元帅府，自己做元帅，任命李善长为帅府都事。

至正十六年（1356）三月，张士诚在长江三角洲地带发起攻势，进攻江南元军。乘此机会，朱元璋亲自统率水陆大军占领集庆。朱元璋进城后，下令安抚百姓，改集庆为应天府。小明王韩林儿得知消息后，非常高兴，升朱元璋为枢密院同佥，不久又升为江南等处行中书省平章。

第二年，朱元璋派遣部将耿炳文攻克长兴，徐达攻克常州，他亲自率众攻取宁国。随后，江阴、常熟、徽州、池州、扬州等地先后被朱元璋部攻克。至正十九年（1359），朱元璋陆续攻占浙江东部各地，控制了江左、浙右广大地区。朱元璋在浙西驻扎期间，奉行徽州谋士朱升提出的“高筑墙，广积粮，缓称王”的策略，迅速秘密扩张自己的实力。

至正二十年（1360），刘基被朱元璋请至应天（今南京），委任为谋臣。刘基针对当时形势，向朱元璋提出避免两线作战、各个击破的策略。

3. 征战南北

朱元璋建立以应天为中心的根据地后，在长江上游有陈友谅，下游有张士诚，东南有方国珍。为了巩固自己的根据地，他立即着手征讨周边的异己势力。

至正二十年（1360）陈友谅攻占了太平、采石并在采石称帝，国号汉，改元大义。接着，陈友谅约张士诚东西夹击应天，企图平分朱元璋的领地。

六月二十三日，陈友谅率舰队主力赶到应天郊外。朱元璋率部奋起攻击，陈友谅大败，朱元璋相继收复太平，占领信州、安庆。次年八月，朱元璋攻下安庆，率军直取陈友谅的老巢江州，陈友谅逃往武昌，朱元璋攻克江西和湖北东南部。

至正二十三年（1363）七月，朱元璋统兵二十万与陈友谅在鄱阳湖展开决战。陈友谅战死，朱元璋取得决定性的胜利。

至正二十四年（1364）元旦，朱元璋被百官推举为吴王，建百官司属，仍以龙凤纪年，以“皇帝圣旨，吴王令旨”的名义发布命令。

消灭陈友谅后，朱元璋于至正二十五年（1365）十月进攻长江下游张士诚的东吴政权，一举攻下通州、兴化、盐城、泰州、高邮、淮安、徐州、宿州、安丰诸州县，将东吴的势力赶出江北地区。

至正二十六年（1366）十一月，朱元璋以重兵包围张士诚的统治中心平江。次年（1367）九月，朱元璋率军攻入平江城，东吴灭亡。

至正二十七年（1367），朱元璋命汤和为征南将军，讨伐并消灭割据浙东多年的方国珍势力。至此，全国最富饶、人口最稠密的长江下游江浙地区尽归朱元璋所有。

至正二十七（1367）十月，朱元璋任命徐达为征虏大将军、常遇春为副将军，率军二十五万北进中原。北伐中发布《谕中原檄》，文告中提出“驱逐胡虏，恢复中华，立纲陈纪，救济斯民”的纲领，以此感召北方人民起来反元。针对北伐，朱元璋提出先取山东，撤除元朝的屏障；进兵河南，切断它的羽翼；夺取潼关，占据它的门槛；然后进兵大都，这时元朝势孤援绝，不战而取之；再派兵西进，山西、陕北、关中、甘肃可以席卷而下。北伐大军按照朱元璋的部署，徐达率兵先取山东，再西进，攻下汴梁，然后挥师潼关。第二年八月，明军进逼北京，元顺帝逃出大都。

4. 洪武之治

洪武元年（1368），四十一岁的朱元璋称帝，国号大明，年号洪武，改应天为南京，定为都城。朱元璋成为我国历史上又一位出身布衣的开国君主。以后，他又经过近二十年的南征北战，到洪武二十年，最终完成了统一全国的大业。

朱元璋称帝以后，借鉴历史上成败治乱的经验教训，大刀阔斧地开始了以改革旧制、建立高度中央集权为目标的宏伟事业。他首先着手对官僚机构进行改革。在中央废除中书省，不再设丞相。改御史台为都察院，下设十三道，一百一十名监察御史，其职权是纠劾百官，辨明冤屈。后来，出于监控官员的需要，朱元璋将管辖皇帝禁卫军的亲军都尉府改为锦衣卫，并授以侦察、缉捕、审判、处罚罪犯等权力，在锦衣卫内设立了特殊的法庭和监狱，这是一个正式的军事特务机构，由皇帝直接掌控。

在地方废除行省制，设立承宣布政使司、都指挥使司和提刑按察使司，分别担负行中书省的职责，三者分立又互相牵制。同时，三司直接听命于朝廷的指挥。在各府县的重要地方，朱元璋还设置了巡检司，负责把关盘查、缉捕盗贼。

出身贫苦的朱元璋曾经身受元末贪官污吏的敲诈勒索，所以，他在登基后在全国掀起了“反贪官”运动，矛头直指从中央到地方的各级贪官污吏。朱元璋利用残酷刑法处置贪官，采取“剥皮楦草”、挑筋、断指、断手、削膝盖等酷刑。同时，朱元璋制定整肃贪污的纲领——《大诰》和《醒贪简要录》。《大诰》一书是他亲自审讯和判决的一些贪污案例成果的记录，书中还阐述他对贪官的态度、办案方法和处置手段等内容。朱元璋下令全国广泛宣传这本书；他还叫人节选抄录贴在路边显眼处和凉亭内，让各级官员读后自律。

经济建设方面，明朝伊始，朱元璋实行了发展生产、与民休息的政策。1368 年，朱元璋对进京的各地州县官员们说，天下刚刚平定，老百姓的财力非常困乏，就像刚刚会飞的鸟不可拔它的羽毛；就像刚刚栽下的树不可动摇它的根，现在最重要的是让老百姓“休养生息”。同时，朱元璋鼓励民间开垦荒地。规定北方郡县荒芜田地，不限亩数，全部免三年租税。他还采取强制手段，把人多地少地区的农民迁往地广人稀的地区；对于垦荒者，由政府供给耕牛、农具和种子；并规定免税三年，所垦之地归垦荒者所有；农民有田五至十亩的，必须栽种桑、棉、麻各半亩，有田十亩以上者加倍种植。这些措施大大激发了农民垦荒的积极性。

除了民屯外，明初还有军屯和商屯。军屯由卫所管理，官府提供耕牛和农具。军粮基本上自给自足。商人在边境雇人屯田，就地交粮，省去了贩运费用，获利更丰。商屯的实行，解决了军粮问题，同时也开发了边疆。

贫民出身的朱元璋深知灾荒给农民造成的痛苦，即位后他多次减免受灾和受战争影响的地区农民的赋税，多次在全国范围内实行大型的租税蠲免。朱元璋还十分爱惜民力，提倡节俭。

在朱元璋措施的推动下，明初农业发展迅速，元末农村的残破景象得以改观。农业生产的恢复发展，促进明代手工业和商业的发展。明初休养生息政策巩固了新王朝的统治，稳定了农民生活，促进了生产的发展。

民生建设方面，明朝建立后，朱元璋制定并实施了一套养老政策和社会福利政策。朱元璋颁布诏书和法令，规定每地要善待老人，并让县官定期送去米面衣物进行慰问。为了让居家养老者有人服侍，洪武六年规定："民年七十以上者，许令一子侍养，免其差役。"也就是说，为了更好地让七十岁以上的老人安度晚年，国家允许老人的一个儿子免于服役。对于那些孝敬老人的人，朝廷不仅给予精神表扬，还给予物质奖励，赏赐衣物，发放奖金。而且，这些孝子孝女年老时可以享受特殊待遇，当他们年届六十岁就可以享受普通老人八十岁时才能享受的福利待遇。

经过朱元璋的努力，明初社会生产逐渐恢复和发展，历史上称为"洪武之治"。

5. 忧劳而逝

朱元璋是我国历史上比较勤政的封建帝王之一。据相关史书记载，从洪武十八年（1385）九月十四日至二十一日，八天之内，朱元璋批阅内外诸司奏札共一千六百六十件，处理国事计三千三百九十多件，平均每天要批阅奏札二百多件，处理国事四百多件。

洪武三十一年闰五月初十（1398 年 6 月 24 日），朱元璋驾崩于应天皇宫（南京故宫），谥号开天行道肇纪立极大圣至神仁文义武俊德成功高皇帝，葬南京明孝陵。临终前下遗诏：

"朕膺天命三十有一年，忧危积心，日勤不怠，务有益于民。奈起自寒微，无古人之博知，好善恶恶，不及远矣。今得万物自然之理，其奚哀念之有。皇太孙允炆仁明孝友，天下归心，宜登大位。内外文武臣僚同心辅政，以安吾民。丧祭仪物，毋用金玉。孝陵山川因其故，毋改作。天下臣民，哭临三日，皆释服，毋妨嫁娶。诸王临国中，毋至京师。诸不在令中者，推此令从事。"

朱元璋是我国历史上最杰出的君主之一。他一生勤于政事，建树颇多，特别是创设了大量的典章制度，不但奠定了明朝近三百年基业，而且影响到之后的清王朝。自明到清，中央集权的政治统治和统一的多民族国家的行政管理制度渐趋完备。《明史》中这样评价他："太祖以聪明神武之资，抱济世安民之志，乘时应运，豪杰景从，戡乱摧强，十五载而成帝业。崛起布衣，奄奠海宇，西汉以后所未有也。惩元政废弛，治尚严峻。而能礼致耆儒，考礼定乐，昭揭经义，尊崇正学，加恩胜国，澄清吏治，修人纪，崇风都，正后宫名义，内治肃清，禁宦竖不得干政，五府六部官职相维，置卫屯田，兵食俱足。武定祸乱，文致太平，太祖实身兼之。至于雅尚志节，听蔡子英北归。晚岁忧民益切，尝以一岁开支河暨塘堰数万以利农桑、备旱潦。用此子孙承业二百余年，士重名义，闾阎充实。至今苗裔蒙泽，尚如东楼、白马，世承先祀，有以哉。"清代著名史学家赵翼对朱元璋的评价被许多人认为十分准确："盖明祖一人，圣贤、豪杰、盗贼之性，实兼而有之者也。"伟人毛泽东曾这样评价朱元璋："自古能军无出李世民之右者，其次则朱元璋耳。"

三、洪武名相：李善长

元朝末年，政治黑暗，全国各地反元斗争风起云涌，乞讨于淮西一带的朱元璋顺势而动，参加红巾军起义，最后一举推翻元朝统治，建立大明王朝。在朱元璋推翻元朝统治和荡平全国各地其他势力、建立明朝的过程中，有一位类似于汉初名相萧何的人物，他也曾运筹帷幄之中，决胜千里之外，为明朝建立立下了汗马功劳。此人就是明初被朱元璋封为韩国公的李善长。

李善长（1314—1390），字百室，濠州定远（今安徽定远县）人，明朝开国丞相。李善长少时爱读书有智谋，后投靠朱元璋，担任幕府书记，参与机要，曾建议朱元璋部队"行仁义，禁杀掠，结民心"。他跟随朱元璋南征北战，出生入死，功劳颇多，比肩汉代丞相萧何。朱元璋称帝后，他被任命为中书左丞相，主持制定了明初的主要制度。后因为胡惟庸案牵连被杀。

1. 智勇双全

李善长从小就喜爱读书，有智慧和谋略，通晓法家学说。明太祖朱元璋平定滁州的时候，时任当地里长的李善长前往朱元璋军营中迎接拜见。朱元璋知道他是当地年高有德之人，对他以礼相待，并将他留下掌管文史书籍。

有一天，朱元璋神情从容地问李善长："当今天下之乱，四面八方都在打仗，什么时候才能平定呢？"他回答说："秦末战乱之时，汉高祖以一介布衣，从普通百姓中崛起。他生性豁达大度，心胸开阔，很有气度，而且知人善任，不胡乱杀人，五年成就了帝王的基业。现在元朝纲常已经混乱，国家四分五裂，天下土崩瓦解，老百姓生活在水深火热之中。濠州（今安徽凤阳）和沛（今江苏沛县）离得不远，山山水水呈现出了帝王气象。倘若你能效法汉高祖的所作所为，天下便可轻易平定！"朱元璋听了，心中大喜，连声说好，并且希望李善长一定要给自己当好幕僚，参与机密谋议。

初入军营的李善长很快就表现出了惊人的才智，成为朱元璋军事战争的重要助手。他根据实际情况不断地给朱元璋出谋划策，并参与重大事务的决策，主管军队的物资供应，很受朱元璋的信任。朱元璋威名日益显著，诸将前来投靠的，李善长考察他们的才能，禀告给朱元璋。又替朱元璋对投诚者表达诚挚情意，使他们能够安心。起义军中有人因为某些事情相互意见不合，产生矛盾，李善长便想方设法从中调解。在李善长的谋划下，朱元璋的队伍不断壮大，士气高涨，战斗力大大增强。不久，义军首领郭子兴因听信流言而怀疑朱元璋，逐渐剥夺他的兵权，又想从朱元璋身边把李善长夺过来辅佐自己，李善长坚决谢绝。因此，朱元璋对他十分倚重。

元至正十五年（1355），朱元璋在和州（今安徽和县）驻军时，亲自率军前去进攻鸡笼山寨，只留少量兵力帮助李善长留守。元军将领得知消息后前来偷袭和州，李善长便设下埋伏大败元军。朱元璋得知后非常高兴，称赞他是智勇双全的军事能人，对他更是十分欣赏。

此后，李善长跟随朱元璋顺长江而下，向下游进军。朱元璋获得巢湖水师后，李善长极力赞成渡江，攻战集庆（今南京），作为发展的根据地。朱元璋接受了建议，攻克采石后，率军直趋太平（今安徽当涂）。太平城被攻下后，李善长马上将事先写好的榜文贴在四通八达的道路上，严禁士兵违反军纪。结果起义军秩序井然，秋毫无犯，获得当地老百姓的欢迎和爱戴。

不久朱元璋部攻克集庆路，在将要攻取镇江时，朱元璋担心诸将约束不了部下，便佯装发怒，要惩罚他们，经李善长力救，此事才得以解决。镇江攻下之后，百姓都不知道有兵到来。朱元璋为江南行中书省平章，以李善长为参议，军机进退、赏罚章程等多由李善长决定。朱元璋改枢密院为大都督府侯，命李善长兼领府司马，晋升为行省参知政事。

2. 开国元勋

元至正二十四年（1364）朱元璋自称吴王，任命李善长为右相国。李善长通晓前朝的行政制度，裁决事务非常迅速，又善于辞令。朱元璋招贤纳士时，总是让李善长起草文告。朱元璋前后率军征讨，都命李善长留守，将吏顺从，居民安然，为前线将士运输兵饷、粮饷，从不懈怠。李善长在再三斟酌元制、剔除其中的弊端之后提出专卖两淮之盐，设立茶法；恢复制钱法，开矿冶铁，制定鱼税，使社会经济得到迅速恢复和发展，为朱元璋削平群雄统一全国奠定了雄厚的物质基础。

洪武元年（1368）九月，朱元璋论平吴之功，封李善长为宣国公。改官制，以李善长为左相国。朱元璋当初渡江时，经常使用重典。有一天，他对李善长说："法有连坐三条，不是太过分了吗？"李善长因此请求除大逆之罪外，全部免去连坐之罪。朱元璋于是命令他与御史中丞刘基等裁定律令，颁示朝中内外。

朱元璋登上帝位后，追封自己祖先及册立后妃、太子、诸王，都由李善长担任大礼使。朱元璋设置东宫官属，以李善长兼太子少师，授为银青荣禄大夫、上柱国，参与决定军国大事。朱元璋巡幸汴梁，李善长留守，一切事情李善长都可以不经请示灵活处理。不久，李善长上奏确定六部官制，商议官民丧服及朝贺东宫礼仪，奉命监修《元史》，编写《太祖训录》《大明集礼》等书。

洪武三年（1370），朱元璋大封功臣。在论及李善长的功劳时，朱元璋说：“朕起自草莽间，提三尺剑，率众数千，在群雄的夹缝中奋斗，此时李善长来谒军门，倾心协谋，一齐渡过大江，定居南京。一二年间，练兵数十万，东征西伐，善长留守国中，转运粮储，供给器械，从未缺乏。又治理后方，和睦军民，使上下相安。这是上天将此人授朕。他的功劳，朕独知之，其他人未必尽知。当年萧何有馈饷之功，千载之下，人人传颂，与善长相比，萧何未必过也。”

针对部分将士的不满情绪，朱元璋说道：“李善长虽无汗马功劳，但跟随我多年，供给军粮，功劳很大，应当晋封大国。”于是授他为开国辅运推诚守正文臣、特进光禄大夫、左柱国、太师、中书左丞相，封为韩国公，年禄四千石，子孙世袭。并授予铁券，免李善长二死，其子免一死。当时被封公者，有徐达、常遇春之子常茂、李文忠、冯胜、邓愈及李善长六人，李善长居首位。

3. 蒙冤被杀

李善长外表宽厚温和，内心却爱嫉妒，待人苛刻。清朝名臣张廷玉曾说：“善长外宽和，内多忮刻。”明朝建立后，李善长由于长期位高权重，渐渐滋长了居功自傲的情绪。他开始任人唯亲，排斥异己，朝中大臣与他稍有不和，他便想方设法除去。他与中丞刘基争论法令，以至于辱骂刘基，刘基内心不安，便请求告老还乡。朱元璋所任用的张昶、杨宪、汪广洋、胡惟庸都获罪，只有李善长还像原来一样在朝廷做官。李善长权势地位到了顶点，心里慢慢变得傲慢起来，行为举止多不符合法度，生活也逐渐奢侈起来，一贯节俭的朱元璋开始对他有所反感。

洪武四年（1371），李善长因病辞官归居，朱元璋念及他的功劳，特赐他临濠地若干顷，设置守坟户一百五十家，赐给他佃户一千五百家，仪仗士二十家。一年后，李善长病愈，太祖朱元璋便命他负责修建临濠宫殿，将江南富民十四万迁徙濠州耕种，让李善长管理他们。

洪武九年（1376），朱元璋以临安公主下嫁李善长子李祺，授为驸马都尉。初定婚礼，公主严修妇道。李家受宠显赫，时人极为羡慕。李祺与公主结婚一个月后，御史大夫汪广洋、陈宁上疏说："李善长恃宠自纵，陛下因病几乎十日不能上朝，他不来问候。驸马都尉李祺也六日不来朝见，召他至殿前，又不认罪，这是对陛下极大的不敬。"李善长因此获罪，被削年禄一千八百石。不久，太祖朱元璋又命李善长与曹国公李文忠一起统领中书省、大都督府、御史台，同议军国大事。

丞相胡惟庸初任宁国知县，由于李善长的推荐，被提升为太常少卿，后升任左丞相，两人因此互相往来。洪武十三年（1380），胡惟庸因谋反被诛杀，受牵连而处死者甚多，但李善长依然如故。

洪武十八年（1385），有人告发李善长的弟弟李存义父子实为胡惟庸的党羽。明太祖朱元璋下诏免死，将他们安置在崇明，但李善长没有表示感谢，朱元璋因而怀恨在心。

洪武二十三年（1390），李善长已经七十七岁，因为年老约束不了部下。他曾想建造府宅，因为人手不够，从信国公汤和那里借卫士三百人。不久，京城有一批受株连的官员被发配到边疆，李善长屡次请求赦免其亲戚丁斌等人。朱元璋大怒，将丁斌治罪。丁斌以前在胡惟庸家做事，他供出李存义等过去与胡惟庸互相交往的情况。于是朱元璋下令将李存义父子逮捕审讯。李存义父子供出："胡惟庸企图谋反，派李存义暗地里劝说李善长。李善长惊叱道：'你这么说到底为了什么？你们一定要慎重，否则九族都要被灭。'不久，又派李善长的老友杨文裕去劝他说：'事成之后，当以淮西之地封你为王。'李善长惊骇不已，仍不同意，却又颇为心动。胡惟庸于是亲自去劝说李善长，仍然不同意。过了一段时间后，胡惟庸又派李存义去劝说，李善长叹道：'我已经老了。我死之后，你们好自为之。'"

不久，有人又告发李善长说："将军蓝玉率军出塞，到捕鱼儿海时，俘获胡惟庸私通沙漠使者封绩，李善长却匿而不报。"于是，御史竞相上奏弹劾李善长。李善长的奴仆卢仲谦等也告发李善长与胡惟庸之间互相贿赠，经常偷偷私语，并说李善长早就知道胡惟庸有叛逆阴谋却不揭发检举。当时正好有人说将要发生星变，会有灾祸发生，占卜的结果是灾祸应当降临在大臣身上。于是，朱元璋便把李善长全家七十余人一并处死。

四、“但愿海波平”：戚继光

“小筑暂高枕，忧时旧有盟。呼樽来揖客，挥麈坐谈兵。云护牙签满，星含宝剑横。封侯非我意，但愿海波平。”这是明朝著名军事将领戚继光任登州卫指挥佥事时所写的一首诗，以诗言志，表明他不甘心碌碌无为的生活，渴望做出一番事业，为边疆的安宁奉献一生。

戚继光（1528—1587），字元敬，号南塘，晚年更号孟诸，山东蓬莱人（一说祖籍安徽定远，生于山东济宁微山县鲁桥镇）。明朝杰出的军事家、抗倭名将、民族英雄。戚继光在东南沿海抗击倭寇十余年，扫平了多年为虐沿海的倭患；后又在北方抗击蒙古军队内犯十余年，保卫了北部疆域的安全。在戎马生涯中积累了丰富的军事经验，写下了《纪效新书》《练兵实纪》等著名兵书。同时，他还结合战争实际改造、发明了各种火攻武器，提高了明军的战斗力。为了加强北部边防的防御，他在长城上修建空心敌台，使得明军进可攻退可守，是极具特色的军事工程。

1. 戚家军

戚继光出身于将门世家，他的父亲戚景通也是一位著名将领，为官正直，对子女要求非常严格，这使得戚继光从小就有大志和军事天赋。幼年时的戚继光风流倜傥，很有个性。虽然家境贫寒，但是他喜欢读书，通晓儒经、史籍。嘉靖二十三年（1544），戚景通去世，十七岁的戚继光继承父亲的职位，任登州卫指挥佥事，从此开始了他的军事生涯。戚继光在任登州卫指挥佥事期间，倭寇在山东沿海一带烧杀抢掠，为非作歹。戚继光有心杀贼，写下了“封侯非我意，但愿海波平”的诗句，表达了立志保卫祖国海疆的宏伟抱负。

嘉靖三十二年（1553），明政府为了加强山东沿海的抗倭力量，戚继光在张居正推荐下，进署为山东指挥佥事一职，管理登州、文登、即墨三营二十五个卫所，全权负责山东全省沿海的抗倭军务。到任后，他积极整顿军容，制定严格的军队纪律，加强了山东沿海的防御力量。从此，山东的海防得到了巩固，有力地打击了倭寇对山东沿海的骚扰。

两年后，鉴于戚继光在山东抗击倭寇做得比较出色，明政府提拔他为参将，并把他调往当时倭患最烈的浙江沿海，防守宁波、绍兴、台州三府。

嘉靖三十六年（1557），倭寇进犯乐清、瑞安、临海等地，戚继光率军前往救援，但因为道路隔绝而没有来得及，朝廷也因此没有治戚继光的罪。而后，倭寇作乱于岑港，戚继光与另一抗倭名将俞大猷两军会合，前往围攻。但很长时间都没有攻下来，于是朝廷将戚继光、俞大猷等人全部罢免，让其戴罪杀敌。

第二年，驻守在岑港的倭寇感到抵御不住戚继光与俞大猷的联合进攻，打算逃走。俞大猷和戚继光趁机发动进攻，击沉倭寇大船，余党向闽南逃窜。从岑港逃走的倭寇又在台州烧杀抢掠，给事中罗嘉宾等人弹劾戚继光故意放走岑港的倭寇，有通倭的嫌疑。明政府正要准备治他的罪，戚继光却因平定汪直的功劳而复官，让他守卫台州、金华、严州三郡。

戚继光初到山东备战倭寇时，发现明军将骄兵惰、纪律松弛、兵不习战，跟倭寇相比，战斗力实在太弱。到浙江赴任后，经过几次与倭寇的正面接触，戚继光发现明军不但不习水战，作战能力较差，而且军纪败坏，扰民现象严重。为了有效地抗击倭寇，戚继光决定组建一支能打善战的新军。他从金华、义乌等地招募了三千人。这些人大多是勇敢的农民和身体健壮的矿工，在戚继光的指导训练下，将其练成一支精锐的部队，后称“戚家军”。

戚继光根据浙闽沿海多山陵沼泽，道路崎岖，大部队兵力不易展开，而倭寇又善于设伏，擅长短兵相接这一特点，创造了一种新的战斗队形，这种阵形在与倭寇作战时好像是结伴而行的鸳鸯，于是被命名为“鸳鸯阵”。“鸳鸯阵”阵形以12人为一队，最前为队长，次二人一执长牌、一执藤牌，长牌手执长盾牌遮挡倭寇的重箭、长枪，藤牌手执轻便的藤盾并带有标枪、腰刀，长牌手和藤牌手主要掩护后队前进，藤牌手除了掩护外还可与敌近战。再二人为狼筅手。“狼筅”是戚继光为专门对付倭寇给戚家军所配备的武器之一。戚继光在长而多节的毛竹顶端装上铁枪头，两旁枝刺用火熨烫得有直有勾，再灌入桐油，敷上毒药。“狼筅”粗有二尺，长有一丈五六尺。狼筅上的枝端茂盛，可以掩护持有者，冲阵时既能自保，又非常具有杀伤力，可谓攻守兼备，被称为“刺倭利器”。狼筅手利用狼筅前端的利刃刺杀敌人以掩护盾牌手的推进和后面长枪手的进击。接着是四名手执长枪的长枪手，左右各二人，分别照应前面左右两边的盾牌手和狼筅手。再跟进的是使用短刀的短兵手，如长枪手未刺中敌人，短兵手即持短刀冲上前去劈杀敌人。最后一名为负责伙食的伙夫兵。“鸳鸯阵”不但使矛与盾、长与短紧密结合，充分发挥了各种兵器的效能，而且阵形变化灵活，可以根据情况和作战需要变纵队为横队，变一阵为左右两小阵或左中右三小阵。此阵运用灵活机动，正好抑制住了倭寇优势的发挥。戚继光率领“戚家军”，经过“鸳鸯阵”法的演练后，在与倭寇的作战中，明军给了倭寇以毁灭性的打击。

同时，戚继光还针对倭寇的实际情况而改进明军的武器装备，加强军队的装备建设，发明了专门对付倭寇的战刀、狼筅和火炮。“戚氏军刀”是戚继光专门针对倭寇使用的倭刀所改良制造的武器。在以往的战斗中，戚继光发现明军所用的刀在与倭寇交战时，经常被倭寇的倭刀砍断。戚继光从战斗中吸收倭刀的长处，对明军军刀进行改良，刀刃弧度加大，刀刃宽度缩小，刀尖带有一个小小的弧度，刀尖保留和刀身基本相同的厚度，减轻刀刃整体重量但是不减少刀刃的强度。

另外，戚继光给“戚家军”装备火炮，称为“虎蹲炮”，因为其射击时像猛虎蹲坐的样子，所以得名。“虎蹲炮”比明军原先使用的鸟铳杀伤力大，便于携带。

戚继光十分重视军队纪律建设，制定了一整套赏罚分明的军事纪律。“戚家军”军法的精神在于“集体负责”，即所谓“连坐法”，一队和一哨的官兵要互相保证在作战中勇往直前，不得退却。一人退却则一人被斩首，全队退却则队长被斩首，队长殉职而全队退却则全队被斩首。他所制定的赏罚原则并不完全决定于战斗的胜负。即使大败，有功者仍然要给予奖赏；相反，即使大胜，作战不力和临阵脱逃者仍然要受到处罚。在1562年的一次战斗中，他命令部队夺取一座倭寇占领的石桥。第一次进攻失败，一哨军官36人全部阵亡。第二哨继之而上，又损失了一半的人员。这时剩下的官兵企图后退。在现场督战的戚继光手刃哨长，才使攻势得以继续不衰，最终击破敌阵，大获全胜。严格的纪律是取得胜利的必要保证。据传说，戚继光的第二个儿子由于违犯军法也被他毫不犹豫地处死。这个故事一直在闽浙一带广为流传。

据《仙游县志》记载，戚继光率领部队在海门一带抗倭。有一次，约三千名倭寇在海门沿海上岸，准备去临海、仙居一带抢劫。戚继光命令自己的儿子戚印领兵在双港与城西交界的花冠岩一带埋伏，自己出兵佯败，把倭寇引到上界岭，等倭寇全部进入包围圈后，再两军夹击，一举全歼。结果戚印年轻气盛，交战心切，没等倭寇全部进入包围圈就下令擂鼓冲锋，结果让一部分倭寇逃脱了。戚继光回营升帐，因戚印没按照军令行事，下令推出去斩首。众将领跪在地上请求从宽处罚。戚继光说：“我是一军主帅，如果我的儿子犯了军令可以不杀，以后还怎么带兵？军中的命令还有谁去执行？”于是，戚继光毫不留情地将儿子斩杀了。这个故事从一个方面说明“戚家军”作战纪律的严格程度。

戚继光一手组建和编练的“戚家军”在东南沿海抗击倭寇的斗争中发挥了非常关键的作用，给来犯的倭寇以沉重的打击。

2. 东南抗倭

嘉靖四十年（1561），倭寇纠集一万多人大举进犯浙江沿海的桃渚、圻头等地，戚继光率军扼守桃渚，大破倭寇于龙山，一路追杀至雁门岭。倭寇遁走之后，另一支倭寇乘虚袭击台州。戚继光立即率部救援，他一马当先手刃倭寇首领，残余倭寇全部坠入瓜陵江淹死。不久，圻头倭寇再次侵犯台州，戚继光率军在仙居将其全歼。这一仗打得干净利落，九战九捷，俘获倭寇一千余人。在戚继光的打击下，闽广一带的倭寇流入江西一带作乱，总督胡宗宪无法平定，于是让戚继光来增援，戚继光率军于上坊巢将其击破，倭寇奔走福建建宁。至此，浙江沿海倭患全部平息。浙江沿海抗击倭寇之战使得戚继光名声大振，被倭寇称为“戚老虎”。明朝政府在战后犒赏参战将士，论战功戚继光为第一，被进秩三等。

次年，一批新倭寇与浙江、广东等地的倭寇残余势力联合进犯福建，先后攻陷寿宁、政和、宁德等地，并进犯龙岩、松溪、大田、古田、莆田等地。

倭寇声势浩大，当地官军不敢进攻，连续向明政府告急求援。于是闽浙总督胡宗宪传令戚继光带兵进剿。戚继光领命后引兵先进攻横屿。由于横屿四面水路险隘不易通行。戚继光结合当地实际情况，在仔细观察了地形之后，命令将士们每人手持一束稻草，填海而进，大破横屿倭寇，斩杀两千二百余人。接着，戚继光率部乘胜追击，连续捣毁牛田、兴化等地的倭寇据点六十余营。经过几番战斗，闽广一带的倭寇几乎被戚继光杀光，福建沿海倭寇的嚣张气焰遭到沉重打击。不久，戚继光班师返回浙江。

戚继光离开福建回到浙江后，倭寇弹冠相庆，叫嚣：“戚老虎去，吾又何惧。”于是，一批从日本国本土而来的新的倭寇又伺机侵略福建沿海，袭击兴化并攻陷了兴化城，福建再次告急。

嘉靖四十二年（1563）四月，被明政府任命为福建副总兵的戚继光率领浙江兵再次前往福建进行支援。戚继光到后，福建巡抚谭纶立刻筹备对倭寇的总攻，先在各海道上环立栅栏阻断倭寇归路，而后谭纶以刘显为左军，俞大猷为右军，谭纶自领中军，以戚继光为先锋，围攻平海卫，一举告破，斩首两千余级，营救了被倭寇裹挟的三千余沿海民众。接着，戚继光一鼓作气，率兵继续追击倭寇残余，又斩杀倭寇三千多人，收复了兴化。朝廷以戚继光战功卓著，任命他为都督同知，代替俞大猷为总兵。

第二年二月，倭寇余党再次纠合一万多人进犯仙游。戚继光率兵前往解围，倭寇败走。戚继光率军追击，斩杀倭寇百余人。残余倭寇数千人逃走并占据了漳浦蔡丕岭。戚继光分五哨（古代军事编制单位）将士攀岩而上，与倭寇短兵相接，连俘带杀一百多人。剩下的倭寇劫掠渔船逃到海上，而后侵扰福宁，戚继光率领李超等前往将其击败，又乘胜追至永宁，杀死三百多人。至此，福建境内的倭患全部清除。

同年，广东潮州倭寇聚众二万，与海盗吴平互为掎角之势劫掠潮州，俞大猷率兵杀败倭寇，并将吴平招降，让吴平驻扎在梅岭。但不久之后，吴平纠合被明军击败的流散倭寇一万多人，伙同林道乾、曾一本先后在走马溪、泊浦澳登陆，洗劫南村堡和港口村。戚继光即刻率军前来围剿，吴平得知后放弃之前据守的梅岭，集合大船一百多艘，逃入南澳，并修筑大寨防御。

嘉靖四十四年（1565），俞大猷率领水军，戚继光率领步兵，合力围剿吴平。经过交战，吴平孤身逃往凤凰山。至此，祸及我国东南沿海几十年的倭患终于被彻底荡平。

3. 北御鞑靼

明朝隆庆年间（1567—1572），东南沿海倭患刚刚平息，北方少数民族又趁明军与倭寇作战之机连续多次对长城沿线及内地进行骚扰，北国边防形势严峻。

隆庆元年（1567），给事中吴时来向明穆宗上疏，建议让戚继光、俞大猷等人训练蓟门一带的士兵。当时原福建巡抚谭纶刚刚在辽蓟一带募集了三万步兵，又在浙江招募了三千士兵，请求戚继光对其进行训练。

隆庆二年（1568），明穆宗让戚继光训练蓟州、昌平、保定等地的士兵，总兵官以下的官员都受戚继光的节制。

临危受命的戚继光根据蒙古骑兵的作战特点，对明军进行整编和训练，创建了以火绳枪炮为主的步兵营、骑兵营、车营和辎重营，各营可以在统一指挥下进行协同作战。其中，他在镇守蓟门期间，根据北方游牧民族擅长骑兵作战的特点，建立了车营来克制骑兵，每四人推一辆战车，战车里放置拒马器和火器。战斗时，将战车结成方阵，马步军以战车为掩护，先用火器进行远距离攻击，一旦敌人的骑兵靠近后，步兵使用拒马器列于阵前，用长枪刺杀。敌人败走后，再派骑兵对其进行追击。戚继光又在阵后置辎重营，选南兵为先锋，入卫兵主策应，本镇兵专门负责防守。经过戚继光的严格训练，他所率领的部队节制精明，器械犀利，使得蓟门拥有当时边境第一军。

同时，他从进攻和防御两手抓起，十分重视边防军事设施的建设。戚继光负责的蓟镇东起山海关，西至居庸关，拱卫京师，是长城沿线九镇中最重要的一镇。他在原有长城的基础上进行加高加厚，并在长城沿线建立了军事警报设施，从而真正建立起一道能攻可守的坚固防线。戚继光依据“因地制宜，用险制塞”的建筑思想，山势低矮处，加高城墙；山势高峻处，修建敌楼，个别地方加修了障墙、支墙、挡马墙，全部为砖石结构或砖石木结构，使这段长城设施完备、构筑牢固、布局严谨、可攻可守，从而真正建立起一道能攻可守的坚固防线。

戚继光在加固城墙的同时，又修建了集军事战斗与预警于一体的“空心敌台”。空心敌台由上、中、下三部分组成。下部为基座，用大条石砌成，高与城墙相同，中部为空心部分，有的用砖墙和砖砌筒拱承重，构筑成相互连通的券室，有的用木柱和木楼板承重，外侧包以厚重的砖墙，形成一层或二层较大的室内空间，以供士兵驻守，存放粮秣和兵器。上部为台顶，多数敌台台顶中央筑有楼橹，供守城士兵遮风避雨，也有的台顶铺漫成平台，供燃烟举火以报警，而无楼橹。戚继光在《练兵杂记》中对空心敌台有详细记载，敌台高低大小不等，各个敌台之间互为掎角，相互救应，敌台里都配备有火炮，鞑靼的弓箭无法射到敌台里的士兵，骑兵在火炮的攻击下也不敢靠近长城。每个空心敌台置有百总一名，负责指挥战斗。

万历元年（1573），北蛮小王子与董狐狸谋划进犯，向明朝廷索要赏赐遭到拒绝，于是二人在喜峰口烧杀抢掠，戚继光得知后率兵前往平乱。同年夏，董狐狸侵略桃林，被戚继光击退。而后董狐狸的侄子董长昂侵犯界岭，又被击败。董狐狸多次侵扰边境不但没有占到便宜，反而损失惨重，于是献关求赏，朝廷答应其按年给予赏赐。

第二年（1574），董长昂又入侵边境但无法从关口攻入，于是逼着他的叔父董长秃寇犯边境。戚继光领兵将其击败并活捉董长秃。董狐狸与董长昂率领宗族三百人来到戚继光关前请罪，董狐狸穿素服大哭请求赦免董长秃。戚继光与部下商议后决定接受其投降，董狐狸于是将劫掠的百姓放回，并发誓不再反叛。自此董狐狸与董长昂再也不敢侵犯蓟门。

戚继光镇守的蓟门固若金汤，敌人无法攻入，于是转而进犯辽东，戚继光率兵增援，协助辽东守将李成梁将其击退。朝廷封戚继光为太子太保，又进封少保。

戚继光镇守北部边疆前后达十六年之久，不仅使边地出现了太平景象，而且也加强了都城北京的安全。正如《明神宗实录》中对他的评价：血战歼倭，勋垂闽浙，壮猷御虏，望著幽燕。

4. 名将陨落

万历十年（1582），朝廷里支持戚继光的内阁首辅张居正病逝，戚继光也遭到朝中大臣的排挤，给事中张鼎思趁机上言朝廷，说戚继光不应该放在北方，于是戚继光被朝廷调往广东。三年后，给事中张希皋再次弹劾戚继光，他因此遭到罢免回乡。又过三年，万历十六年（1588），年老体衰的戚继光因感染肺病在家乡去世，走完了他戎马倥偬的一生。

戚继光一生戎马生涯，驰骋南北，东南抗倭寇，“威名震寰宇”，扫平了多年为虐沿海的倭患，确保了沿海人民的生命财产安全；北疆御鞑虏，“军容冠诸边”，保卫了北部疆域的安全，促进了蒙汉民族的和平发展。戚继光为保卫大明王朝的边疆安全奋战了四十余年，被称为我国“古来少有的一位常胜将军”。他不仅智勇兼备，练兵有方，而且还发明和制造了许多军事武器，他在防御北方少数民族入侵时发明的“自犯钢轮火”，是世界上最早的地雷，比欧洲人发明的地雷早三百年左右。同时，他还注重军事斗争总结与研究，撰写了两部重要兵书，即《纪效新书》和《练兵实纪》。这两部书是他多年练兵打仗的经验总结，也是他训练军队的教本，在军事学上有很高的地位，被《四库全书》收录，为后世兵家必读的军事理论著作。

2017 年 2 月 21 日上午，以民族英雄戚继光命名的某新型训练舰入列命名仪式在大连旅顺某军港举行，标志着该舰正式加入人民海军战斗序列。据了解，该舰由我国自主设计建造，全舰长 163 米，宽 22 米，满载排水量 9000 余吨，最高航速 22 节，是当时海军吨位最大、现代化水平最高的专业训练舰。

五、捻军领袖：张乐行

19 世纪中叶，以安徽为中心，爆发了一次规模仅次于太平天国的农民起义——捻军起义，其领袖人物就是被人尊称为“张老乐”的张乐行。

1. 从“响捻子”到捻军领袖

捻军的前身叫捻子（又称“捻党”）。“捻”是淮北土语，一帮、一伙、一股的意思。皖北结捻活动由来已久，清朝乾隆、嘉庆年间就存在。他们纠结在一起，“吃大户”、打家劫舍，不为别的，只为填饱肚子而已。皖北贫穷落后，灾荒不断，为了活命，只能铤而走险，特别是贩私盐活动，成群结队。张乐行就是走私食盐的头目。

嘉庆十五年（1810），张乐行出生于雉河集（今涡阳县）西北 15 华里的张老家村。父慰祖，母燕氏，兄弟三人，大哥问行，二哥敏行，老三即乐行，乳名香儿。张乐行为人仗义疏财，疾恶如仇，爱打抱不平，人称“响捻子”“仁义光棍”，受到乡亲们的爱戴。

在雉河集一带，长期以来流传着张乐行杀侯永清父子的故事。侯永清和儿子侯莽飞扬跋扈，作恶多端，横霸一方。他们带一个戏班子，到哪儿只要戏一开台就得给钱，若遇阴雨，戏不能唱，还要管吃饭，百姓恨之入骨。张乐行为民除害，把侯永清父子杀了，大快人心。张乐行因此声名鹊起。咸丰三年（1853）二月，在太平军起义的影响下，淮北捻子群起响应，并在雉河集举行会盟，宣布抗清起义。张乐行众望所归，被公推为“盟主”，成为捻军领袖。

可是不久，攻捻统帅周天爵抵达皖北前线，张乐行捻军连连受挫。为了重新聚集强大的抗清力量，张乐行使用“受抚”的权宜之策——表面上投诚，实际上暗中积聚力量。咸丰四年（1854）底，他重出江湖。

张乐行复出后，与龚德树捻军合兵，力量迅速壮大，到咸丰五年（1855），至数万众。在张乐行的统帅下，捻军“纵横跌宕，所向无敌”。八月，张乐行大举进攻蒙城，十七日八里庄一战击垮中书衔张虎文统领的蒙城团练，杀练总黄霆万、六品顶戴张如陵及怀远县练总武生邵保祺等，皖北蒙城、颍上、宿州、亳州、凤阳、怀远告急。二十七日，张乐行在亳州泥台店大败河南道员张维翰，阵斩清将达凌阿，乘胜攻入河南商丘马牧集，又败朱连泰清军，包围归德。十月回师皖北，占领蒙城，十九日围困亳州。

张乐行捻军不断壮大，引起清政府的恐慌。咸丰五年（1855）十一月十四日，清廷发布上谕，命江苏、安徽、河南三省合剿张乐行捻军，所有三省会剿兵勇均归湖南提督武隆额调度。十一月二十一日，张乐行败提督武隆额、总兵史荣椿部清军，攻下河南夏邑，二十六日再围亳州。十二月在永城麻种集大败武隆额清军。咸丰六年一月十七日张乐行再败武隆额，占领夏邑，二十日占领河南虞城。武隆额剿捻不力被罢免。一月三十日，清廷以河南巡抚英桂督办豫皖苏三省剿捻事宜，前福建按察使徐宗干帮办军务。当清军尚在集结之时，二月皖豫边各捻军首领齐集雉河集山西会馆，举行会议（第二次雉河集会盟），正式确立了黄红蓝白黑“五旗军制”，共尊张乐行为“大汉盟主”，“各旗统将皆听盟主调遣”，树立了张乐行捻军最高统帅的权威。

2. 领兵南下与太平军会师霍邱

经过雉河集会议的洗礼，张乐行捻军以新的姿态出现在抗清战争的舞台上。

雉河集会议后，张乐行派韩奇峰、李大喜部出兵宿州，与宿州捻军夏白、任乾部合围宿城，威胁清军战略要地徐州，把徐州总兵傅振邦、寿春总兵郑魁士、副将塔思哈、侍卫容照各部清军牵制在宿州一带。捻军主力则在张乐行的亲自率领下，大举向河南进发，围永城，陷夏邑，活捉夏邑知县郭凤恩。

咸丰六年（1856）三月十五日在归德附近蔡道口一举击溃河南南阳镇总兵、号称“邱老虎”的邱联恩和河北镇总兵崇安所部清军，乘胜进逼归德，将攻捻主帅英桂困在城中。朝廷大怒，邱联恩、崇安革职，暂行留任，把英桂大骂一通。不久派出袁世凯的从祖父袁甲三负责进攻张乐行捻军。五月三十一日，袁甲三师抵亳州，与守城清军朱连泰两面夹击。捻军腹背受敌，退往翟村寺，立足未稳，六月八日清军追击，张乐行捻军再退白龙王庙。六月十一日清军蜂拥而至。张乐行、韩奇峰迎敌，龚德树、王贯三策应，再告失败，退守雉河集。六月十七日，袁甲三、邱联恩、崇安、史荣椿等乘捻军喘息未定，齐抵雉河集。张乐行领军进行了顽强抵抗，直至十九日雉河集陷落。

雉河集根据地失守后，张乐行率众东向蒙城，跳出清军的包围圈。接着由蒙城南向颍州，由颍州江口新集渡过沙河，攻入颍上庙台集、垂冈集。沿途“捻匪号称三十八股，数逾万人，张乐行并为死党，势复张”。七月十七日一举拿下“水陆冲要，商贾辐辏”的重镇三河尖。等清军追至，张乐行突然折回，八月十九日三路直取雉河集，守敌西凌阿、崇安抵敌不住，退营寺集待援。捻军重新占领雉河集，第二次雉河集保卫战开始，直到十一月二十八日再失，其间经历临涣、涡河口、清水河、赵王河、太清宫、十八里铺、耿皇寺、赵旗屯、刘奶庙、潘家楼、姬家桥、三丈口、楚店集、花沟集、宫吉寺等大小战斗数十次，张乐行捻军虽然败多胜少，但给清朝统治集团造成很大压力。

十一月二十八日，清军占领雉河集后，进行惨无人道的大屠杀，仅崇安一军，就在雉河集近郊的杨园子屠杀达数千人。随后以杀戮余威，一路穷追捻军，三十日及宿州临涣。张乐行守定浍河桥，相持终日，用龚德树计，夜战败之，重创其军，兵勇仅剩十余人，这就是著名的“浍河桥摸营”之战。残忍嗜杀的河北镇总兵崇安因此被清廷“赐死”。

咸丰七年（1857）二月十七日，清廷以攻捻主帅英桂调度无方，派出胜保“帮办剿匪事宜”。正在部署之中，张乐行率军南下，三月一日第二次占领商业重镇三河尖，三月四日，在霍邱地区与太平军会师，达成联合作战的协议，张乐行捻军名义上接受太平天国封号、官爵，但捻军依然保持自己的独立组织和领导系统，张乐行仍然用“大汉盟主”的身份发号施令。达成联合作战协议。这在捻军史上和太平天国史上，都具有重要的转折意义，太平军从此有了最有力的支持者，而张乐行捻军也摆脱了孤立无援、孤军奋战的境地，两军互相呼应，安徽战场上出现了“发捻交乘”的崭新局面。会师当日，张乐行率部与薛之元部太平军联合进攻固始县城，二十二日回撤三河尖，指挥联军进攻颍上县城，围攻四十三日不下，五月三日撤兵，应对清军对三河尖的进攻。六月十六日，经过“大小六十八战”，张乐行捻军踞守三个半月的三河尖根据地落入胜保所部清军之手。捻军顺流东下，与胜保展开正阳关大战。二十五日在沫河口大败署庐凤道金光箸所部兵勇，被称为“吏治战绩为安徽第一”金光箸授首。不过，经过三个多月的苦战，十月十二日正阳关还是被清军攻破，张乐行突出重围，前往六安与李秀成部太平军会合。

3. 亲痛仇快的内讧

正阳关破围后，李秀成所部太平军为解镇江之围而奉令东进，张乐行率部进驻六安进行休整。而这时的清军正拉着苗沛霖在淮北一带烧杀，淮南前线的炮声暂时停了下来。可是不久，咸丰七年（1857）十二月，捻军领导集团内部在六安上演了一幕内讧悲剧：由军师龚德树献计，经盟主张乐行默许，将蓝旗旗主刘永敬（绰号“饿狼”）及其侄刘天台（绰号“小白龙”）以“反叛”的罪名予以诱杀，这便是捻军历史上著名的“刘饿狼事变”。

刘永敬是安徽蒙城顺河集（今属涡阳）人，雇工出身，照当时皖北土话讲，是一个没有日子过的人。咸丰三年（1853）北伐太平军经过皖北时，他便起而响应，以顺河集为依托进行抗清斗争。因其作战勇敢，打起仗来犹如饿狼扑食，故人多以“刘饿狼”呼之。皖北根据地失守后，他与张乐行、龚德树紧密配合，前进淮南继续坚持抗清斗争，并在三河尖争夺战、正阳关突围等作战中立下了汗马功劳。可是张、龚为何杀“饿狼”？

正阳关突围后不久，进攻太平军的清军包围了天京东大门镇江，并发起对天京的围攻，太平天国的首都危在旦夕。在皖的李秀成、李昭寿部太平军奉洪秀全之命，兼程东下，以解镇江之围。捻军退踞六安休整，淮南前线并无多少战事，而此时的淮北却烽火连天。史书记载，苗沛霖在捻军老家雉河集恣意祸害，咸丰七年（1857）十一月十六日，“带人抵高炉集涡河南岸，筑圩驻扎，遂沿涡河南，西至赵屯五十余里，烧、杀、淫、掠，残忍至极。至初九日又带队过涡河，往西北五十余里，扰害之苦，亦若涡河南”。雉河集一带，简直变成人间地狱。此情此景，刘饿狼实在不忍坐视，主张“窜回雉河集老巢”救援，惩罚苗沛霖及清军在淮北的野蛮行为，可是张乐行、龚德树反对，相持不下，酿成内讧惨祸。

“刘饿狼事变”导致捻军内部的大分裂。刘饿狼被杀后，蓝旗部众在刘天福、刘天祥、刘天月、刘文鉴、魏希古、魏希元、魏希纯等的率领下返归淮北，继续执行刘饿狼的军事主张，进行着艰苦的抗苗斗争，甚至仍以饿狼名义进行活动。而刘部的愤而北归，无疑严重削弱了张乐行淮南捻军的抗清力量，同时，也使其内部极度不稳，领导集团内部不团结的现象也日益加剧。

刘饿狼力主返师淮北，收复皖北根据地，这种军事主张是可行的。而作为捻军首脑的“盟主”张乐行及其军师龚德树没有认清当时的形势，对自己的力量估计不足，坚决主张留在淮南，事实证明这是一种被动挨打的军事主张。以“反叛”的莫须有罪名诱杀刘饿狼更是错上加错了。所以，刘饿狼的被杀以及由此带来的严重后果，龚德树是有责任的，而捻军最高领袖张乐行更难辞之咎。

四月里来麦丝黄，老乐定计杀饿狼，
饿狼本是忠良将，将星落在西北方。

这首民谣正唱出了皖北民众对刘饿狼之死的惋惜以及对张乐行、龚德树错误军事主张的愤愤不平。

4. 占领怀远走出困境

“刘饿狼事变”后，张乐行驻守六安，休息整顿。咸丰八年（1858）二月五日，陈玉成、韦志俊太平军围攻固始，张乐行派韩奇峰率所部捻军给予配合，牵制清军。固始久攻不下，四月六日撤围，太平军进入湖北，韩奇峰仍回六安。

固始解围后，胜保、袁甲三、李孟群各路清军齐集六安，并于四月二十九日完成对六安城的包围。其实，围城之前，各旗捻军陆续撤出，张乐行殿后，在六安与清军相持，直到五月二十五日突围，顺淠河经顺河、马头、隐贤、迎河等集，再由正阳关沿淮河东下，六月二日占领“全淮上游重地”的怀远县城，这是张乐行皖东抗清运动的开端。

占领怀远后，张乐行指挥捻军乘胜进兵，六月十三日在长淮卫、十里程、桃湾等地连败清军，进围临淮，十四日击溃署庐凤道黄元吉所部兵勇，一举攻占“水陆咽喉，南北冲要”的皖东重镇临淮关。第二天，即六月十五日，张乐行又指挥捻军取得洞开“皖东门户”凤阳府、县两城的重大胜利。

张乐行指挥捻军连下四城，开辟皖东根据地，声势大振，人数骤增十余万，而且分兵四出，使两淮地区到处飘扬起捻军的旗帜。这是张乐行戎马生涯中最为辉煌的时期。

皖东抗清根据地的开辟，对清朝统治集团是一个沉重的打击，安徽巡抚福济发出“情形危急”的悲鸣，攻捻主帅袁甲三更是惶惶不可终日。的确，皖东根据的开辟，打通了淮南北的通道，把淮北捻军区、淮南捻军区和江北太平天国辖区连成一片。同时，阻止清军南下，有力支援了太平天国战争，咸丰八年（1858）八月二十三日陈玉成部太平军取得再克庐州（合肥）的胜利，张乐行的功劳是不能抹杀的。更重要的是，扭转了捻军自渡淮南下以来军事上屡战不利的败局，打破了被动挨打的沉闷局面，这是张乐行捻军振衰起弊、由败转胜的转折点。相反，清军连吃败仗，丧师失地，焦头烂额，顾此失彼，无法形成合力与张乐行相争，只有招架而已。

安徽战场上的一败涂地，着实令咸丰皇帝大动肝火，咸丰八年（1858）七月二十三日，特颁“上谕”，以安徽巡抚福济日久无功，革去头品顶戴、太子少保衔，任命曾帮办江北大营军务的翁同书为安徽巡抚，督办军务。

“大汉盟主”张乐行指挥捻军英勇作战，不但开创了一个崭新的局面，而且还把兵力投放到太平天国战场，直接配合太平军进行二解京围之战和三河大战，助太平军力挽自石达开出走后军事上急转直下的颓势，在太平天国历史上建立了不容忽视的功勋。

咸丰八年（1858）七月底，太平军统帅陈玉成、李秀成在安徽枞阳县召开军事会议，决定由陈玉成、李秀成合兵，联络张乐行捻军进攻浦口，以解天京之围。九月二十六日，在张乐行捻军的参与下，太平军取得二破江北大营的浦口大捷。接着连下江浦、天长、扬州、六合，肃清了江北清军，打通了天京通往江北的通道，使天京转危为安。随后张乐行、龚德树又率领捻军配合太平军与湘军精锐之师展开三河大战。

咸丰八年（1858）五月十九日湘军攻下九江之后，制订了集中兵力，夺取安庆，消灭在安徽的太平军，直逼金陵的作战计划。九月二十二日，湘军攻陷太湖，由此兵分两路，江宁将军都兴阿率副都统多隆阿、总兵鲍超围攻安庆。布政使李续宾则疾趋庐州，九月二十七日克潜山，十月十三日陷桐城，二十四日拔舒城，十一月三日师抵庐州城南七十里的三河镇，三河大战由此拉开序幕。陈玉成、李秀成、张乐行立即组织太平军、捻军应敌。十五日两军会战，太平军、捻军联军将湘军分割包围聚歼，李续宾自缢而死，曾国藩之弟曾国华也被联军击毙，湘军五千精锐全部被歼。三河会战胜利后，联军乘胜南进，十一月十八日收复舒城，二十四日规复桐城，二十五日复得潜山，十二月一日攻下太湖。进攻安庆的都兴阿部，闻败讯，慌忙撤兵，安庆之围不战而解。

三河大捷是太平天国史上的光辉战例，张乐行在其中的作用是不可低估的，他把怀远、凤阳、临淮三地的捻军都投入三河大战，保证了会战的胜利。我们完全可以说，三河大捷也是捻军史上著名的战例。咸丰九年（1859）六月洪秀全授予张乐行“征北主将”（1862 年封“沃王”），是对他赫赫战功的褒扬。

5. 面对新的危机

张乐行捻军虽说保持了旺盛发展的势头，但内部也在滋生着不利的因素。

由于皖东根据地的开辟，捻军人数大增，难免泥沙俱下，鱼龙混杂，容易被分化、瓦解。事实上，攻捻统帅胜保不但招抚了苗沛霖，而且曾为捻军旋被招抚继又投靠太平军的李昭寿再次“投诚”胜保，并由此在捻军中激起一股投敌逆流，给张乐行的抗清事业造成严重危害。首先向胜保“输诚”的是捻军蓝旗旗主张隆（又作张龙、张元龙），接着胜保又派人游说蓝旗刘玉渊（即刘狗）、刘天祥等“归顺”。白旗捻首孙葵心“亦有乞降之意”。一时间，逆流滚滚，到咸丰九年(1859)初，甚至连浍河南北各捻圩寨均已“遍插官军旗帜”。捻军面临分崩离析的严重危机。

面对投敌逆流，张乐行毫不动摇，坚决予以打击。1859年1月他留龚德树据守怀远，亲自率众万余，水陆并发，进攻临淮。胜保派兵截击，张隆、韩秀峰等亦列队抵御，双方发生激战。经过这次打击，张隆等未敢献城投降。不久，太平军大败胜保清军，太平军和捻军联手，再创辉煌，声威大震，投敌逆流被遏止。

原来，自三河大捷后，李秀成率军东进，陈玉成仍在鄂皖边界与敌相持，咸丰九年（1859）三月八日攻占六安，十九日在庐州之西的官亭活捉安徽布政使李孟群。接着由庐州直入江苏，六月二十三日进攻洪泽湖畔的盱眙县胜保军营，二十六日攻占盱眙，杀知县许垣，胜保败走。同月，为策应东路战事，太平军前军主将吴如孝自庐州北上进攻定远，张乐行随即率捻军来会，南北夹攻，吓得安徽巡抚翁同书突围逃往寿州。七月十七日，联军攻克定远，总兵吉顺、惠成败溃，前淮扬道郭沛霖、知县周佩濂被杀。

定远战役的胜利，使张乐行声威大震，这对投敌者是一个强有力的震慑。孙葵心、刘玉渊等重新“回归”，与张乐行、龚德树合作，清军的旗帜也被悄悄收起，张隆更不敢贸然投敌。

在太平军的帮助下，张乐行克服了内部危机，暂时渡过了难关。但不久，张乐行又面临新的考验。

定远战役胜利后，张乐行捻军主力基本上集中到淮河以南地区，而淮河北岸的怀远反而空虚，这就给清军造成可乘之机。咸丰九年（1859）十月二十九日，胜保指挥副都统穆腾阿、麟瑞，总兵滕家胜，游击黄开榜以及安徽臬司王庭兰等部兵勇，大举进攻张乐行的大本营怀远县城。龚德树闻讯，邀约吴如孝太平军救援，被清军阻隔于淮河南岸，无法飞越。十一月八日，被捻军控制了一年半的怀远据点终于落入敌手。张乐行率本部在龚德树、吴如孝的接应下强渡淮河，把大本营移到了定远，继续与太平军联合行动，与清军展开一年有余的拉锯战，各有胜负。

咸丰十年(1860)十一月，苗沛霖举起抗清旗帜，与太平军、捻军达成谅解。但张乐行接连得到不幸的消息。先是咸丰十一年二月间捻军大将孙葵心殉难，接着张乐行最亲密的战友、军师龚德树三月十四日战死湖北罗田松子关，张乐行悲痛万分，大病一场。

淮南捻军著名战将相继凋零，张乐行在定远势单力孤，不可能求得新的发展，而淮北捻军仍在进行火热的抗清斗争，使他在苦闷、痛楚之中又看到了新的希望，于是决定北归，重整旗鼓。咸丰十一年（1861）六月间，他率军企图突破淮河防线，其兄张敏行率捻军来到淮河北岸接应，但没有成功，张敏行仍回雉河集，张乐行继续留在定远等待时机。咸丰十一年九月五日，太平军坚守了九年之久的安庆落入湘军之手，天京门户洞开，太平天国安徽根据地势将不守，张乐行留在淮南没有意义了。而十月二十九日，苗沛霖取得了寿州围城战役的胜利，昔日的安徽巡抚翁同书等一批清廷大吏成为苗的阶下之囚。苗、张已达成谅解，经苗沛霖允许，张乐行招集淮南捻军全部人员及家属，于十二月二十五日假道苗沛霖区从寿州附近的姚家湾等地渡过了淮河，到达淮北地区。

6. 雉河喋血与张乐行殉难

同治元年（1862）一月，张乐行指挥捻军与马融和部太平军、苗沛霖部"苗家军"联合，进攻皖北要地颍州，十八日兵临城下，正式发起颍州围城战役。一个多月中，围城之师多次用地道轰城，都没有成功。三月八日，苗沛霖突然倒戈反攻张乐行捻军、马融和部太平军，向攻捻统帅胜保表示受抚。二十三日，苗以"围魏救赵"之计率军围攻颍上，将太平军和捻军眷属困在其中，使联军不能专顾颍州。四月一日，颍州围城战役宣告失败。张乐行回军颍上，被苗家军包围。十日突围而出，北归雉河集。五月四日，张乐行率军救援被困颍上的余部，被清军击败。十三日，庐州失陷，陈玉成北向寿州，十五日被苗沛霖生擒，二十一日槛送颍州胜保军营。张乐行闻讯，立即率捻军至寿州、颍州之间的江口新集劫"囚"，没有成功。太平天国安徽根据地沦丧，张乐行更显孤立了。

同治元年(1862)三月十八日，科尔沁亲王僧格林沁率部到达河南归德府，督兵进攻商丘金楼寨白莲教军，六月二十六日攻破。金楼不守，僧格林沁打通了进攻皖北的通途。僧部众逾3万，这是攻捻的主力，加上湘军、山东军、豫军、皖军、田在田的徐州军以及苗沛霖数十万"苗家军"，清军可谓声势浩大。张乐行捻军处于清军的大包围圈中，形势险恶。

同治元年（1862）十月，僧格林沁麾师攻入皖北亳州，十九日向卢庙进攻。卢庙、邢大庄等处为捻军花旗旗主李廷彦的领旗范围，李廷彦率军抵抗，苦战十日，卢庙、邢大庄、张大庄、丁圩等相继不守，李廷彦死难。僧格林沁遂指挥所部国瑞、舒通额、恒龄、全顺、承先、苏克金、常山保等乘胜推进，直捣雉河集。十一月二十七日，舒通额、苏克金与张乐行大战于涡河北岸的张桥，雉河集大会战帷幕拉开。

僧格林沁处心积虑，要夺取雉河集根据地，消灭张乐行及其捻军。当然，张乐行也不会坐以待毙。从同治元年（1862）五月直到同治二年三月，张乐行先后出兵十余次进攻山东、河南、湖北等地，试图借远征军事行动，换取战略上牵制清军及分敌兵势的效果，但没有达成预期。

会战仍在进行中。僧格林沁节节推进，步步为营，张乐行连战皆败，步步退却。到同治二年（1863）二月，韩圩、马村桥等重要据点纷纷易手。随着失败次数的增多，捻军中的动摇分子纷纷"投诚"，其中包括著名捻首宋喜元、赵浩然等，军心摇动，使本已处于劣势地位的捻军实力遭到严重削弱。清军完成从四面八方对雉河集的包围，而苗沛霖也乘机大打出手，从南面配合僧格林沁夹击雉河集。

雉河集之围越收越紧。同治二年（1863）三月九日，张乐行率军试图从宿州突围，惜为时已晚，加上势单力薄，已经无力突出重围，在宿州被知州英翰、清军施绍恒部击败后，十三日退回雉河集，与清军背水一战。从三月中旬开始，雉河集会战进入最后的阶段，战况惨烈，捻军终告失败，被“逐北数十里，斩首二万级”。著名捻首韩四万、刘玉渊、刘四麻、张延生、刘登瀛、苏天才等被俘遇难，捻军将士的鲜血染红了淮北大地。

三月十九日雉河集、尹家沟失守后，张乐行率残部突围，准备撤往宿州，二十三日至蒙城西阳集李家圩，被李四一（李勤邦）出卖遭擒，四月五日惨遭杀害。张乐行坚持与太平天国联合，领导捻军进行抗清斗争，最后被俘不屈而死，是淮北人心目中的英雄。虽然前期捻军失败，但张乐行领导的抗清事业并没有画上休止符，他的侄儿张宗禹，接过抗清旗帜，联合任化邦捻军、赖文光太平军，继续驰骋疆场，开始了捻军抗清史的新时期。

六、光绪帝师：孙家鼐

孙家鼐（1827—1909），字燮臣，号蛰生、容卿、澹静老人，安徽寿州（今安徽寿县）人，少有大志，饱读“四书”“五经”。咸丰元年（1851）年中举人，咸丰九年中进士。屡充考试试差阅卷大臣。曾任翰林院编修、湖北学政，礼部、户部、吏部、工部、刑部尚书等职。自光绪四年（1878）始与翁同龢等同为光绪帝师。卒后谥曰“文正”，皇帝恩赐在其家乡寿州建太府第。孙家鼐著有《太傅孙文正公手书遗折稿》，奉旨撰有《钦定书经图说》，修有《安徽通志》等。

1. 寿州孙氏家族的灵魂人物

孙家鼐是寿州孙氏家族第十一世，兄弟五人，家鼐排行第五。大哥家泽（1814—1846），道光十八年（1838）戊戌科进士；二哥家铎（1815—1871），道光二十一年辛丑科进士；三哥家怿（1821—1894），咸丰二年（1852）壬子科举人，家鼐（1827—1909），咸丰九年己未科一甲第一名进士。仅四哥家承（1835—1878）是贡生，未登科，因而有“一门三进士，五子四登科”之称。兄弟五人，除家鼐和三哥家怿寿命较长，其他三兄弟寿命不长，大哥去世年仅32岁，四哥去世43岁，二哥去世56岁，均正值壮年，可谓天妒英才，家族中兴的重担也就落在了家鼐的身上。

家鼐幼读诗书，年龄虽最小，因目睹诸兄登榜，日益发愤图强。大哥去世后，家鼐视侄儿侄女为己出，“念长兄沛农早没，诸幼侄无以为生，乃举余所仅得者让设肆于门售油酒麦面以自给”。在家鼐的关照和鞭策下，大哥的子孙多成为朝廷命官。同样，对于其他几个哥哥的后辈及族人也是积极提携，如二哥的孙子孙多森、孙多鑫创办阜丰面粉厂，孙家鼐便积极支持，并以长子孙传榕的名义投资两万元。该厂注册，亦由孙家鼐奏呈朝廷核准。

孙家鼐一门男丁不旺，终其一生，两个儿子仅次子寿命稍长，长大成人。同治元年（1862）其长子及次女接连病逝，未及成年。同治七年，41岁的家鼐纳侧室王氏，以求人丁兴旺。光绪十一年（1885）孙家鼐夫人宋氏继而病故，孙家鼐悲痛不已，书挽联以悼之：“幼同贫贱，中更患难，富贵才几时，偏疾病缠绕，回首平生多坎坷；仰视翁姑，附蓄子女，娣姒皆无间，能勤劳和睦，伤心垂死竟分离。”联文情真意切，哀婉动人。

孙家鼐比较注重子女的教育，曾手书楹联“祖宗远祭祀宜重宜诚，子孙愚经书不可不读”。他有生之年，目睹了妻女子孙的不断离世，其儿孙没有做官而成为医生，常免费为穷人看病。子孙学医抑或是受孙家鼐的熏陶，或许是孙家鼐希望子孙健康长寿。

对于子女的婚姻，孙家鼐比较重视，这也是一个家族得以持续跻身社会上流的重要保障。据《翁同龢日记》载，孙家鼐曾想让自己的二女儿认翁氏为干爹，“孙燮臣之第二女忽拜妾为干娘，今日来欲见余，余却之”。究竟翁氏拒绝背后是如何考量的，不得而知。孙家鼐长女嫁王昌年。王昌年，山东长山人，内阁中书。三女嫁给礼部尚书徐郙之子徐桢祥。四女嫁江苏候补道胡铭业。六女嫁刘秉璋之子刘体智。孙家鼐之孙孙多焌，配周学熙次女；曾孙女孙琪方配孔子第七十七代传人孔德成，等等。孙家鼐的子孙多有一个很好的归属。

孙氏后人回忆称："在孙家鼐的后代中，仅孙子辈的就有四十人在京津地区当官，他的学生更是桃李满天下，亦是一个以家族为背景的社会集团。"这显然和孙家鼐的提携、教诲是密不可分的。继李鸿章之后，孙家鼐还曾是北京安徽会馆的负责人。孙家鼐不仅是寿州孙氏家族的灵魂，同样是寿州及旅京皖籍官员的荣耀。

2. 一位勤勉的官员

孙家鼐半个世纪的官宦生涯，长期位居权力中枢，并担任道德模范的最高代表——"帝师"，靠的是儒家伦理的支撑，孙家鼐非常注重"正心、修身"。

同治三年（1864）孙家鼐任湖北学政，在其担任湖北学政期间，严守学政制度，恢复因战争而停止的乡试。时任湖北巡抚的曾国荃称："湖北学政孙家鼐，立品端方，性情和蔼，堪为士林矜式……本届科试臣接见官绅详加访问，佥称该学臣关防有度，幕友既得其人，士论靡不悦服。"孙家鼐从政初期，地方官的经历也为以后进入权力中枢，打下了基础。

光绪十七年（1891）孙家鼐出任顺天府尹，之后担任兼尹。晚清时期，顺天府多次遭遇水灾，他在署理顺天府期间，赈灾开厂、平粜筹粮、理讼安民等方面都卓有成效。孙家鼐多管齐下，在顺天府水灾不断的情况下，他与同僚一起竭尽所能地保证米粮供应，为京畿地区的稳定作出了贡献。

光绪二十年（1894）甲午中日战争爆发，朝议主战，孙家鼐力谏"衅不可启"，与晚清重臣李鸿章态度一致。最终，清政府以惨烈的失败而告终。康有为、文廷式、杨锐、沈曾植等在京建立强学会，企图以激进的改革挽救危亡，重振纲纪。孙家鼐列名强学会，并为学会提供馆舍。御史杨崇伊，向皇帝上奏"强学会妄议朝政"，清廷即敕令督察院直接查明封禁。后经学会会员多方斡旋，清廷将强学会改组为官书局，下旨由孙家鼐接手官书局管理大臣一职，期望以孙家鼐的老成将官书局纳入"中学为体、西学为用"的轨道。起先的强学会有振奋人心的一面，但也有对政权稳固构成挑战的一面。

光绪二十四年（1898）光绪帝下诏推行变法，废科举，兴学堂，办报编书，孙家鼐以吏部尚书协办大学士，命为管学大臣，筹办京师大学堂（今北京大学前身），研究欧美日本国家办学体制。孙家鼐提出“以中学为主，西学为辅；中学为体，西学为用”的主张，并建议增设中小学堂、速成学校及医学校。在这期间还资助张元济等开办北京通艺学堂，支持川籍京官办京师蜀学堂。

庚子事变后，光绪二十八年（1902）一月慈禧、光绪帝返京后，孙家鼐任体仁阁大学士。光绪三十年初，受命协助管学大臣张百熙整顿京师大学堂。光绪三十一年孙家鼐任文渊阁大学士，次年充国史馆总裁，后晋武英殿大学士。光绪三十三年，清政府宣布预备立宪，孙家鼐和溥伦被指定为资政院总裁。溥伦担任资政院总裁，主要是由于他的皇族身份。另选一人正是孙家鼐，因为他立身谨慎，且“徐世昌、端方、铁良等人都出自他的门下，在满汉官僚中很有影响”。

在生活中，孙家鼐常以诗文消遣、会友、自勉。如曾写“古剑不磨当养气，旧书重读当加餐”。在赠给同年柴墨林之联“欲能则学，欲知则问；守身如玉，守口如瓶”，表达了立身处世的哲学。晚年曾写“葵藿有心唯向日，竹松晚节惯经霜”的对联，以向日的葵花表达自己对清王朝的忠诚，以竹子和松树来自勉，要保持晚节。长期的内心冶炼，也使得孙家鼐养成了恬淡的性格，遇事临危不惧。如在《翁同龢日记》中载，“燮臣昨夜失窃九百余金，皮衣数事，怡然也，真有道之士也”，“孙燮臣沉潜好学，服膺王阳明之书，立志高远，凝厚而开张，余欲兄事之”。

“三年清知县，十万雪花银”，也是清政权的官场政治生态。但孙家鼐为官清廉，据《翁同龢日记》记载，“是日定议将头条胡同屋让孙燮臣居之，每月租价十二两”。孙家鼐此时已中状元十年，还在租房，其为官作风可从中窥见一斑。后来所住的房子（北京旧帘子胡同1号府第）外表跟普通居民的四合院差不多，并不起眼。《清史稿》中也称：“家鼐简约敛退，生平无疾言遽色。虽贵，与诸生钧礼。闭门斋居，杂宾远迹，推避权势若怯……家鼐独保廷琛，谓曩以大义见责，知忠鲠必不负国，世皆称之。”

3. 光绪帝的守护者

晚清重臣恽毓鼎在《清光绪帝外传》一文中曾言："上读书之所为毓庆宫。常熟翁同龢，寿州孙家鼐，仁和夏同善、孙诒经，先后充师傅，以松溎充满文教习。""夏公出为学政，薨于外；仁和孙公以失公旨出书房；翁相国以罪去；独孙相国恩礼始终无间云。"

孙家鼐在科举殿试时，咸丰帝要他以清王朝的兴盛为内容，作一副对联。他挥毫写出以下楹联："亿万年济济绳绳，顺天心，康民意，雍和其体，乾健其行，嘉气遍九州，道统绍羲皇尧舜；二百载绵绵奕奕，治绩昭，熙功茂，正直在朝，隆平在野，庆云飞五色，光华照日月星辰。"此联将清入关后六代皇帝的年号，镶嵌在上下联众，巧妙地歌颂了清王朝二百多年的历史，深得咸丰帝的赞赏。

光绪帝出生于同治十年（1871），死于光绪三十四年（1908），终年三十七岁。纵观光绪帝一生，外有列强的冲击，内有慈禧太后的挟制，抑郁不得志。孙家鼐自光绪四年光绪帝 7 岁既开始陪读，到光绪三十四年为光绪帝送终，师徒之间有三十年的情谊。光绪帝是在孤独中长大的，缺少父母之爱，没有童年的快乐，使得光绪帝自小就心情抑郁，孙家鼐成了光绪帝生活里一道温暖烛光。

孙家鼐不仅把《钦定书经图说》五十卷作为光绪帝侍讲教材，在授课之暇还经常向光绪帝介绍一些新鲜知识，孙家鼐认为"报纸是通下情之重要途径，阅报能去皇帝壅蔽"。他还向光绪帝引荐了郑观应的《盛世危言》和冯桂芬的《校邠庐抗议》，试图以此影响皇帝，给贫弱的近代中国开出良药，重建"亚洲尊严和世界核心"。这些维新思想也在一定程度上感染了光绪帝，成了戊戌变法的先声。

光绪二十五年（1899）初，北京城内暗传光绪皇帝将被废黜，曾是光绪帝师傅的孙家鼐闻讯后立即上奏，力主不可，借口养病请退以示抗议。同年底获准以全俸致仕告假，寓居京城。后返回家乡寿州，寄情于山水。但并未因此而淡漠政治，在写给《致友人》七律中有"明年京兆槐黄日，戴尔蓬瀛家上头”。光绪二十六年，汪康年、唐才常在上海张园筹划成立中国议会。孙家鼐侄孙孙多森、孙多鑫也加入了此组织，议会主要倾向为：一是尊光绪帝，二是不承认端王、刚毅等，三是力讲明新政法而谋实施之。

光绪三十四年（1908），光绪帝去世。据御史胡思敬在《国闻备乘》中记载：“德宗（光绪）安奉乾清宫，群臣哭临三日，皆无戚容。唯孙家鼐伏地痛哭不起……”此时家鼐已是八十二岁的年迈老人，旅京三十余年，光绪帝的作为与成长是这位老人最好的安慰与荣耀。

宣统元年（1909）孙家鼐去世，终年83岁。孙家鼐去世后，诰授光禄大夫，赏加太子太傅衔，晋赠太傅，特赐谥号“文正”公，赐恤入祀贤良祠，赏银三千两治丧。灵柩回籍厚葬，沿途地方官妥为照料。其次子陆军部郎中孙传椠，以四品京堂补用；其孙孙多焌、孙多煃以郎中分部补用。清廷荫护其子女，也算是家鼐对于光绪帝忠实守护的安慰。

今天，重新审视这位学者型官员，他一生清廉，兢兢业业，在飘摇的晚清政府中，孙家鼐以老成稳健的姿态，试图延续王朝的生命。对于清王朝来说，他是一个忠实的守护者。对于当时激进的思想界，他又是一个守旧者。如《清代野史大观》中称“孙家鼐思想之迂腐，人皆知之”，给予孙家鼐的评价不高。

孙家鼐虽位居权力的中枢，既不是“帝党”，也不是“后党”，妥善地把握了与光绪帝及慈禧之间的关系。这种高超的政治智慧使其得以恩礼始终。英国人李提摩太在《亲历晚清四五十年——李提摩太在华回忆录》一书对他的评价是：“孙家鼐是所有中国官员中最有教养、最具绅士风度的人之一。”这一评价应该说是比较贴切的。

第五章
民国时期

一、亦官亦商：孙多森

孙多森(1867—1919)，字荫庭，安徽寿州（今安徽寿县）人。孙多森出身于官宦世家，其父为孙传樾，军功累保江苏记名道，在南京任洋务局总办；母亲为湖广总督李瀚章次女；叔祖为光绪帝之师——孙家鼐。孙多森为近代知名实业家，曾参与创办阜丰面粉厂、启新洋灰公司、滦州煤矿公司、通惠实业公司、中孚银行等一批近代知名企业，并曾担任直隶劝业道、中国银行首任总裁等职，终年52岁，著有《直隶实业汇编》等书。

1. 孙多森与近代实业

孙多森，仲昆六人，多森居次。长兄孙多鑫，光绪辛卯举人；六弟孙多钰曾任交通部次长、开滦矿务局总经理等职。孙多森自幼随父官居南京，就读家塾，接受的是传统教育，1885年中秀才，继为贡生，捐候补同知衔。1886年父亲去世。孙多森随母亲还乡，居安徽寿县，至1893年母亲去世，历时7年。因家庭人口渐多，仅靠土地收成入不敷出，乃与兄孙多鑫共议，迁居江苏扬州。为维持家计，向姑丈何维键借用盐票经营食盐运销业务。

1896年，孙多森经营运销食盐，因缴纳盐票使用费等开支较大，获利微薄，对经营盐务渐感淡薄。“而当时办实业之风初起，多森欲实现先人遗志，乃为诸弟学习洋文另谋良机起见，于是决定酌公四弟多焱及一二伙友在扬继续经营盐号外，余诸兄弟均携眷迁居上海，另谋出路。”到沪后，一面延聘颜中山教弟多堃、多钰学习英语，一面与兄孙多鑫求谋生之道。几经考虑，决议在上海筹办机器面粉厂，在叔祖孙家鼐、叔父孙传檙、姨父孙宝瑄等人的大力支持下，经三年多的筹备，阜丰面粉厂于1900年6月开始投产。

阜丰经营期间，由于孙多鑫性儒而保守，常持稳慎之议；孙多森则雄心勃勃，主张扩张业务，故对阜丰厂之经验计划，时与孙多鑫争持不下，往往需由叔父孙传檙劝解，始能息争。1904年孙多鑫应周学熙之召北上，1906年底孙多鑫因病去世。1907年春，袁世凯继召孙多森去天津接替其兄的职务，孙多森将四弟孙多炎调为阜丰厂协理，孙多森仍兼总理，厂中一切重要事件均由孙多森裁夺，直到1915年。阜丰面粉曾因设备先进，一度被誉为远东第一。据有关学者统计阜丰和荣氏家族的福新，上海的这两大面粉系统。截止到1937年上半年，日生产能力福新系统占57.80%，阜丰面粉系统占35.48%。其他厂只占6.72%。

1907年孙多森抵津后，与周学熙共同经营启新洋灰公司和滦州矿务局，担任两公司协理。在袁世凯直接支持下，他们在经营管理方面为两公司争得了诸多特权。比如在销售方面，经孙多森和周学熙要求，袁世凯转邮传部通饬各路局一律购用启新洋灰公司水泥；在运输方面，孙、周等请袁世凯谕令招商局轮船装运酌减运脚，亦获得支持。孙多森和周学熙还代表启新洋灰公司和京汉铁路局签订合同，规定双方在供应铁路局水泥和代运水泥方面，互定特别价格，互相优待。此外，孙多森等还依恃袁世凯的支持，成立了直隶滦州矿地公司。周学熙后人周叔弢也回忆称“孙多森对启新起了不小的作用”。事实上以孙多森为代表孙氏家族，在周学熙的整个企业集团的发展过程中起着重要作用。法国学者白吉尔在《中国资产阶级的黄金时代》一书中高度评价了周学熙企业集团这种泛家族模式的企业集团，称这种庞大、复杂，而又利害相关的社会网络，虽然具有浓厚的封建色彩，但已被赋予新的社会活力，为中国企业家提供了可以不必打破传统就能够真正地适应现代经济环境的可能性。

近代中国市场机制发育不完全，未能建立诚信体制，自然公司招股不易，孙多森也深深意识到这个问题。1908 年在京师自来水招股过程中，孙多森曾言“招股以信字为主，第一成效在望与人以可信；其次在预算详确，利益显然，示人以大信；其次在经理人廉实公平，订章完善，使因而见信。其在法律完备之国，官民信义相孚，招股亦不能舍斯三者……人性莫不趋利避害，财产莫不求稳实而虑亏耗”。此外，孙多森在直隶署理渔业公司期间，面对渔民被海盗的抢劫，提出了保护海权计划，呈请将海防支应局裁撤后的军舰拨交渔业公司，以便于巡查海面，以保护海权及渔民。计划获得当局批准。

民国成立后，孙多森继续经办实业。1914 年，孙多森、杨士琦、李士伟等人与日本人仓知铁吉、中岛久万吉等发起组织中日实业公司，于 1914 年 6 月呈部注册给照，原定资本 500 万元，成立时先收 125 万元，1917 年 12 月添收 125 万元，共有资本 250 万元，公司营业为通融资金、应募债票及承办调查事项，非专门的营业机关。

1915 年在袁世凯授意下，成立通惠实业公司，孙多森任总裁，通惠二字取自通商惠工之意，实际上是一家托拉斯性质投资公司，初期志向为经营全国实业的总机关，经办银行、仓库、保险以及农工实业，在北京设总公司，上海、汉口设分公司。中孚银行、河南新乡通丰面粉厂、山东烟台通益精盐公司等都是在此基础上成立的。孙多森及其族人所创办和经营的企业由于形成了一个体系，既有资本后盾又有金融机关，各企业之间能够相互融通，因而得到了壮大和发展，形成了著名的通孚丰企业集团。

不难发现孙多森经办的大都是近代知名的大企业，在经办实业的过程中，在资本募集、产品生产、销售等多个环节，孙多森非常注重诚信、稳健发展及企业的制度建设；同时也在积极努力维持、构建一种良好的官商关系，以减少近代政治动荡、市场发育不完全等带来的损失。

2. 孙多森的宦海生涯

孙多森在实业界的威名也为其进入宦海提供了契机。当然，他出身于官宦世家，这也为以后的宦海生涯提供了天然的便利。庚子事变后，袁世凯就任直隶总督，因天津缺少规模较大的实业，便嘱周学熙注意物色调用办实业的人才。孙氏兄弟在上海创办阜丰面粉厂卓有成效，声闻国内，又是李鸿章的侄外孙，于是 1904 年周学熙请调孙多鑫来津，孙能力较为突出，深受周、袁信赖。1906 年底孙多鑫病故，袁世凯遂将孙多森调来协助共谋实业。

1908 年袁世凯内调任军机大臣，直隶总督由陈夔龙继任。陈与孙家素有师生之谊，系孙家鼐门生，且又闻孙多森之才，故莅任后，不但挽孙多森继续管理各项企业，且于 1909 年奏任孙多森为直隶劝业道之职。劝业道秩视正四品，归直隶总督统属。劝业道的职责是，秉承中央农工商部、邮传部及直隶总督旨意，管理全省农业、工业、商业、矿物、邮传等各项事业。

1910 年 6 月由孙多森禀准直隶总督兼北洋大臣陈夔龙，派孙凤藻假天津河北公园旧译学馆为事务所，并由劝业公所筹备经费 280 余两，筹办水产讲习所。9 月就绪，招录学生 96 名，借黄纬路长芦官立中学堂一角为校舍，直隶水产讲习所随即开学。该所为中国最早的水产教育机关。

继周学熙之后，孙多森任直隶工艺总局总办，并兼南洋劝业协会会董。杨士骧接任直隶总督后，孙多森被指派会同周学熙组织直隶出品协会，任协理，在天津劝工陈列所举办劝业会。然而不久，孙多森遭到直隶省谘议局的弹劾，被指为“庸人”，遂自请辞职。1911 年 10 月辛亥革命爆发，12 月孙多森被袁世凯推荐为清内阁和议代表，随总代表唐绍仪到上海，参加南北议和。

1912 年 5 月，孙多森被派往安徽，任实业司司长，未及一月即被免职。因北洋系和国民党和谈不成，袁世凯与南方国民党的矛盾终于激化，1913 年 6 月下令罢免了国民党籍的三个都督。又以“皖人治皖”名义，改派孙多森为安徽都督兼民政长。由于孙多森和袁关系特殊，孙上任后即遭到安徽省议会会员的反对，险些送命。国民党的喉舌《民立报》大声疾呼称“要逐出走狗孙多森”，革命党人冒孙之名，宣布独立。《民立报》也代孙发言，声称：“孙多森为大义所动，已与胡万泰师长共同宣布独立……多森等上固国本，下顺舆情，因特宣布独立。自此兹以往，袁世凯在职一日，皖省人民誓不承认。”族弟孙毓筠在此期间也是多次奔赴总统府，试图消弭罅隙，力保孙多森，使得脱险。孙多森返京后即向袁说明安庆事变真相，取得了袁的谅解。此事也给孙多森带来不小心理创伤。袁世凯知道孙多森并未参与“叛事”。随之派他为赴日实业考察专使。孙多森前往日本考察数月归国。1914年5月，袁世凯组织参政院，孙多森被任为参政。

总体而言，孙多森的官宦生涯不是很顺，一方面反映了清末民初时期的政治动荡，其次也反映了孙多森的政治命运和袁世凯息息相关。对于清末民初的政局来说，孙多森只是一个不大不小的角色，还没有左右政权的力量；对于孙多森个人而言，官场生涯增长了见识，拓宽了人脉关系。孙多森在沪、京、津、唐等地活动，也奠定了孙氏家族企业的人脉与市场。

3. 孙多森与近代金融业

孙多森以创办实业起家，养成了实干的作风，早在阜丰面粉筹备期间就曾言“谓行事如制器，而论事如绘图。图绘而器不制，不可也；欲制器而不先绘图，亦不可也”，做事讲求规划和实践。通过阜丰面粉公司、启新洋灰公司、开滦煤矿等企业的创办参办及政界的历练，他深深意识到金融业对于产业发展的重要性，经营产业也为涉足金融业积淀了宝贵经验。

随着通商口岸的陆续开辟，贸易和航运业的兴旺，也带来了保险业的繁兴，保险公司如雨后春笋般出现。1908年3月北洋水火保险公司创设于天津北马路，分公司设在北京前门外打磨厂，创办人为孙多森、王贤宾等人，总经理李士钰。1911年5月，实收银21.5万余两，并呈请农工商部注册。北洋水火保险股份有限公司是第一家总公司设于天津的官商保险公司。1913年3月，公司因“壬子兵变”造成了大额赔款，兵变后也颇难揽得保险生意，北洋水火保险公司因此而歇业，经营时间仅有5年。

1912年9月，财政总长周学熙于北洋政府财政部内设国家银行事务所，派金邦平为总办，孙多森为会办。因金邦平上任不久即因丁忧请假归里，实际工作由孙多森主持。12月又邀他筹办中国银行，任筹备主任。孙多森上任后，鉴于中国银行不仅在用人上大多沿用大清银行的旧人，制度上也大多沿用旧式的管理方法，遂提出一系列的改革措施：将原有的三处分行增加到十九处；派范季美和朱筱康专程前往日本考察银行业务和组织制度；主张以在政界有声望的官员担任各省分行的负责人，以熟悉现代银行业务的人及留学生担任副职，这样既可以利用官僚势力和威望招揽资本，又可以利用现代意识的青年人负责银行的具体业务。同时又派员去各省调查商情，筹备高等银行学堂，如从山西票号和徽州钱业挑选三十余人前来学习现代银行业务，这些为银行业的长远发展储备了人才。

孙多森继而修订中国银行条例三十条，得到了参议院的通过，由财政部公布实施。孙多森虽想把中国银行办好，但因政治形势的发展，被以梁士诒为首的粤系势力排挤而去。在 1913 年 5 月周学熙辞去财政总长职务后，孙多森也于 6 月份辞去了中国银行总裁职务。1914 年任全国农工银行筹备处筹备员；1915 年 3 月，周学熙再度出任财政总长，厘定农工银行条例，设立全国农工银行筹备处，孙多森被派为筹备员，可以说是与周学熙共进退。

中孚银行为通惠实业公司投资的企业，无通惠即无中孚。1916 年 11 月中孚银行在天津开业，总行设于天津，经营信托、储蓄、汇兑、押汇、贴现及金银买卖等业务。孙自任总经理，聂其炜任协理，后在北京、上海、汉口设分行。中孚银行为我国第一家特许经营外汇的商业银行。中孚银行也是孙氏家族企业的重要资金调度中心。1917 年，孙多森、虞洽卿、盛冠中、虞顺恩等人集资 20 万元创办通惠商业银号。通惠商业银行既是一家投资公司，也是一家银行。是年 6 月，孙多森再次被任命为中国银行总裁，但因不久后发生的张勋拥清废帝溥仪复辟而未能就职，7 月即被免职。

总体而言，对于金融业，孙多森非常注重制度建设，这也为金融业的稳健发展提供了支撑。1919 年 7 月 6 日，孙多森因身患糖尿病，病逝于天津，终年 52 岁。面对孙多森的突然离世，老友王锡彤震惊不已。在日记中写道："荫庭初佐周缉之创办启新公司、北京自来水公司，皆为协理，余实继其后任。又为通惠公司总裁，余为董事。兴华资本团则同为创办人，华新公司则同为董事。每言创办一事，几经周折真不易，甫过五十，一病不起，人生朝露，不觉凄然。"从此孙氏实业集团的重担，主要落在胞弟孙多钰及子侄的身上。

古人云"治学不为媚世语，独寻真知启后人"，如何审视、评价孙多森这样一个历史人物，不溢美、不隐恶是史家的基本修养。寿州孙氏家族文化浸染、家族关系网络铺垫、自身进取的企业家精神、特殊时局的影响，造就了孙多森辉煌而又跌宕起伏的一生。

孙多森早期经营食盐运销，1897 年开始涉猎面粉工业到 1919 年去世，凡 20 余年。他是近代“通孚丰”家族企业集团的开创者，也是周学熙实业集团的重要参办者，在近代中国股份制公司及近代银行业的制度建设等方面都影响深远。

纵观孙多森的一生，深受传统文化的浸染，因袁世凯的赏识而忠于袁世凯。其在政界的命运跌宕起伏，和袁世凯集团密切相关，可谓“成也萧何，败也萧何”。

二、同盟元老：柏文蔚

柏文蔚 (1876—1947)，字烈武，安徽寿县人。1899 年就读于求是学堂。1905 年与陈独秀在芜湖成立岳王会，秘密加入同盟会。1906 年因参与谋刺两江总督端方事泄而离职。武昌起义爆发后，策动驻南京的第九镇统制徐绍桢率部起义，柏文蔚任第一军军长兼北伐联军总指挥。1912 年任安徽都督兼民政长。1913 年参加讨袁，宣布安徽独立，失败后经上海流亡日本，后赴南洋等地募集军资，1917 年到川、湘、鄂边区策动军队进行护法运动，并任川鄂联军总指挥。1920 年起历任鄂西靖国军总司令，长江上游招讨使、建国军第二军军长等职。1924 年当选为国民党一大中央执行委员。北伐战争开始后，任国民革命军第三十三军军长。1928 年改任北路宣慰使。1930 年任反蒋派的北平国民党中央党部扩大会议常务委员。1932 年日军进攻上海，条陈抵抗意见，为时论所推崇。抗日战争胜利后，任国民党中央政治委员会委员兼国府委员，1947 年病逝。

1. 走上革命道路

柏文蔚生于寿县南乡柏家寨，幼年习读《山海经》《尔雅》及四子书。柏文蔚十六岁时代父到私塾馆授课，柏父望子成龙，多次要他参加科考应试，二十岁那年考中秀才。父母高兴，乡里羡慕，然而柏文蔚认为“经国大计，不在此雕虫小技也”。甲午战争，清政府一败涂地，爱国志士奔走呼告，如何进行改革图强，成为那个时代先进知识分子思考的问题。柏文蔚与孙毓筠、张树侯等人在寿县城内创立了“阅书报社”，传播新知，启迪民智，同时创立天足会，提倡妇女谋求自由解放。柏文蔚后来回顾这段活动时说：“当时上海只有《申报》一种，油印甚劣，阅未终而墨油沾染，手与面俱成污垢。又有梁启超在湖南创立‘南学会’出版之《湘学报》，印刷亦同《申报》，吾人皆视为金科玉律。此外有郑观应之《盛世危言》，吾人搜集多种，供邑人之愿讲新学者，联络成社，朝夕研究。”柏文蔚等人改良藏书楼、创立天足会等，这是戊戌变法维新思潮对柏的影响，也是柏最早所从事的革命活动。

1899 年，柏文蔚考入安庆的求是学堂。1901 年丧权辱国的《辛丑条约》签订后，柏文蔚对于清政府卖国行径极为失望，革命的呼声压抑在胸中。1902 年，陈独秀、潘赞化等留日学生回国，在安庆召集各校学生于藏书楼前集会，柏文蔚在演说中慷慨激昂，强烈抨击清廷“宁以土地送友邦，不以土地遗汉人”，激励青年携手“革除恶政，拯民于水火”。与会人惊呼：柏君真英雄也！安庆知府得知情况，恼羞成怒，查封了藏书楼，柏文蔚愤而退学。

1904 年，柏文蔚辗转到了南京，与在南京求学的赵声、张伯纯等人联合当地会党，秘密组织“强国会”，密谋推翻清政府，抵抗外侮。不幸事机败露，“强国会”被迫停止活动，柏只得返回安庆。这时恰值安徽武备学堂练军班成立，遂即进入该学堂充学兵。柏以“欲救祖国，必学陆军与实业”勉励自己，刻苦学习军事。在练军学堂结业后，柏文蔚应安徽公学校长李光炯邀约入校任体操教习。任教期间他与李光炯等加入了刘光汉组织的专门从事暗杀活动的“黄氏学会”。同年秋，柏文蔚与陈独秀、常恒芳、宋少侠等人秘密建立了反清革命团体“岳王会”，主要任务是发动青年学生及清军内的中下级军士，暗杀清廷军政要员。同年冬他加入同盟会。

1906 年底，孙毓筠奉孙中山之命由日本回国，在南京与柏文蔚、赵声密议谋炸两江总督端方，但事泄未成，孙毓筠被捕，柏文蔚难以存身，遂离职。1907 年，柏去东北投靠胡殿甲，吉林边务帮办吴禄贞组织督办公署，举荐柏为二等参谋。1909 年，吴又委任柏文蔚为屯田军一标标统。柏在东北 5 年间，与吴禄贞一起先后资助过被清廷通缉的吴昆、熊成基等革命党人逃往日本。

值得一提的是，1908 年督办延吉边务兼吉林省各军翼长陈昭常和吴禄贞商议，决定派二等参谋柏文蔚去朝鲜汉城，了解一下形势。柏文蔚化装成商人昼夜兼程，最后到达汉城。因偶然关系，柏文蔚从朝鲜户部尚书的儿子手中顺利得到一本十分珍贵的《大东舆地图》。这份历史地图清晰地标明了延吉地区为中国领土，这张图在“间岛”问题的交涉上，却是一份铁证。日本警察探听到了此事，立即下令不惜一切代价追回原图。柏文蔚处境危险，只好立即化装躲过追查，返回国内，向吴禄贞报告了汉城之行，并呈上了那份珍贵的地图。

2. 就任安徽都督

1911 年武昌起义爆发后，柏文蔚策动驻扎南京的第九镇统制徐绍桢率部起义，并任第一军军长兼北伐联军总指挥。辛亥时期皖北是革命军与清军争夺的战略要地，皖北东可控制津浦路，威胁南京，西南可入湖北，影响武汉，实为兵家必争之地，柏文蔚对皖北极为重视，支持淮上军对此地区的控驭。

1911 年 11 月寿州宣告光复，随即成立淮上军总司令部，王庆云为总司令，张汇滔、袁家声为副总司令，广招新兵，随之兵分几路，先后夺取凤阳、定远、临淮关、颍上、颍州、六安等地。袁世凯派张勋、倪嗣冲等人率兵进入皖北。“临淮关为北伐要道，顷闻已由清将姜桂题、倪毓棻带领毅军驻扎，以堵截各省北伐之民军，并有攻克颍州之说，以致寿庐一带，颇为恐慌，急速派民军前往抵御。”柏文蔚率兵堵截张勋，并致电要求由宁再派苏军两营会集猛进，柏还提出以安徽津浦路公股票押现济饷，抵款购械。

1911 年 12 月 7 日清廷授袁世凯为全权大臣，由袁世凯委任唐绍仪为议和代表，9日，独立各省都督府推举伍廷芳为议和代表，18日双方代表在上海开始和谈，皖北自然是关注的焦点之一。实际上议和期间，双方互有攻守，“守江必先守淮”，皖北为双方争夺要地。随清帝逊位，南北议和成功，袁世凯被选为临时大总统。陆军部2月19日通电各省，裁撤军政分府，遣散军队。对于安徽都督孙毓筠而言，面临的首要任务也是谋求统一。3月13日在安庆北门内法政学堂开联合统一大会，议决公举数人分往各处与黎宗岳、吴振黄、孙品骖切实忠告，以便联络一气，而谋皖省之统一。但在谋求统一的过程中，黎宗岳不为所动，据大通而自主，并通电扩大自己的政治声势，这使得孙黎矛盾加剧。

大通军政分府无视安徽都督府以及南京方面的命令。南京于是派军进攻，黄兴令柏文蔚星夜前往指挥，柏军4月3日乘轮过芜前往大通，中央海陆军方面也准备于5日下午由南京向大通进发。“昨报兹悉庐军驻芜三标一营及警备营两营兵士，亦于4月2日由各管带备足子弹带队出发，庐军襄安镇之一标二营及炮队一队亦奉孙品骖令向大通进发，闻皖芜庐赴通各军队咸受第一旅第二团团长顾小轩指挥，并推柏军统为临时总指挥，先后赴大通各军队有六千余人”。大通一时戒备极严，局势紧张。此时黎元洪主和，要求将从南京出发军队撤回，黎宗岳亦应将分府撤销，并派楚谦兵轮前往调和。面对大军压境，黎宗岳却于4月6号突然卷款潜逃，出走九江，并通电辞职，声称大通军队待饷甚急，为免涂炭生灵，不忍还击。实际上黎宗岳是政治图谋没有得逞，反倒致电试图赢得同情，是非常狡诈的。全皖筹备军政处致电《民立报》转各报馆：“皖各团体公举孙君少侯为都督，一再敦请视事，黄焕章余孽黎宗岳，系满奴小德张干儿，藉名助攻金陵，拥兵自称行军都督，搜劫厘税数十万金，盘踞大通，居心叵测。孙君自芜莅位，过大通，黎胆敢擅称土匪。”柏文蔚随后将大通该军队接收。

应当说，柏文蔚在南京方面的支持下，以武力压境，迫使黎宗岳出走。对于孙毓筠而言，是有失颜面的，因为孙黎交恶，他却无能为力对付黎宗岳。4月17日夜，青年军总军监韩衍在城内被刺，随后死于同仁医院，韩衍与孙毓筠的关系非同一般，孙毓筠招他来襄助自己的军务，韩衍的死对孙毓筠而言既是打击，也是惊吓。29日孙毓筠电呈病假，请求调治。皖人虽挽留孙都督，并请孙公勿萌退志，而孙仍请柏文蔚暂驻皖半月代拆代行，以便稍资调养。袁世凯随后任命柏文蔚署安徽都督。5月3日柏文蔚接印视事。直到二次革命爆发，柏文蔚督皖一年有余。

1913年3月20日，宋教仁被刺。4月26日，袁世凯北洋政府向英、法、德、日、俄五国银行团签订借款合约。5月初，江西都督李烈钧、安徽都督柏文蔚通电反对贷款。黎元洪居中斡旋，希望化解北京及国民党之争。6月，袁世凯以反对借款、不服中央为借口，分别免除江西都督李烈钧、安徽都督柏文蔚的都督职务。对于撤换李烈钧，“政府以前早有决心，后因黎副总统之调停，劝李自行辞职，但李不听，黎又劝其服从三事，即向中央认罪，自誓服从中央命令；实行军民分治，承认赵民政长；承认中央简派九江镇守使并限十日为期。李又不听，即经黎副总统电复中止调停”。政府因此决定罢免李烈钧。6月19日李烈钧抵沪。

实际上，国民党方面在孙中山的领导下，派人赴皖、赣、鄂等地运动，其中派张汇滔在安徽组织武装讨袁。7月12日李烈钧在湖口组织讨袁军，并以布告文传檄各地，江西省议会13日公举李烈钧为讨袁军总司令。对于柏文蔚而言，其都督职务的罢免过程是经过商定的。由段祺瑞、段芝贵、梁士诒致电柏，“以同乡关系暗中将条件说定，免职或调他差。孙多森精细稳练，盼其继任，曾以讯公，亦表欢迎，是孙君之必协乡情。孙已抵宁，调令为陕甘筹边使”。柏虽在皖亏欠公款甚巨，但所有经手欠饷各事俟抵京后，继任者将代为清理。任命孙多森接任，而孙亦是寿县人。

孙多森以安徽民政长兼署都督，纯出于孙毓筠一人之主持。原因在于孙毓筠早先受恩于孙多森。“自江宁狱中放归，其费用均取于孙多森，故与孙多森感情最好，恒存一报恩之志。”京中皖人苦于柏文蔚之治皖无状，而又感于孙少侯之非寿人不能继柏之说，“适安徽都督问题发生，总统以李经羲等均不愿往，询之孙少侯，遂力荐孙多森，并与柏疏通”。孙7月6日抵皖，择于8号接印视事，柏文蔚10日离皖。

客观而言，柏文蔚督皖期间由于财政非常困难，难有大的作为。面临财政困境，柏文蔚常常东挪西凑，借款度日。1913年6月省议会认为其行事多违法之处，质问柏文蔚，“本省预算决算各案何以不提出交议”，柏只得亲临省议会，“谓皖省财政支绌，各处军饷现已三月未发，急迫万状，闻各军几有哗溃之势”，并要求再向商会诸君暂借款两万金。但“当经议商两会，谓皖省军饷每月由财政司发出，已列表册，各处军饷已三月未发，前次款项究竟作何用度”，柏督谓“前次款项因适有他项重要用途，暂时挪用，容后筹归”。后来，柏文蔚又组织谋划反袁斗争，自然无法也难以有序推进建设。

对于治理淮河，柏文蔚特别重视，自民国元年（1912）提出导淮兴垦条议至1946年为同乡王松斋的《导淮全书辑要》作序建言，前后三十余年，自始至终关心治淮问题。柏文蔚治淮思想系统性的考虑较早体现在《导淮兴垦条议》一文中，在文中他从淮灾的成因、导淮路径、屯垦和筹款等方面进行了详细分析。至于治淮的筹款，柏文蔚也拟出三点意见，采用借款、变通集股之法和参用国债票与彩票之法。随之柏文蔚在军司令部设立导垦局，对于上述办法，逐一研究，各订详细章程。南京国民政府建立，全国统一指日可待。柏文蔚于1928年初再次提出治淮议案。他认为“导淮事业于今为急”，建议兵事定后，以被裁之兵从事导淮工作，可借债“以五千万导淮”。“文蔚于民国元年即抱屯边导淮两大政策，虽十七年来屡遭政变，未见实行，而此心此志，总思贯彻。”在1928年2月份提出的《导淮说明书》中，柏氏从利益、弭盗、裁兵、交通、防灾、政治等六个方面阐述了导淮理由，而列出的导淮办法共有七个方面，即设导淮局、导淮协会、导淮银行、筹备、施工、兴垦与筹款方法。筹款方面，“依从前测量估计，定淮河干支各河工费总额为七千四百万元”，当然“其详细预算，俟勘定出海路线、实测各河工程后，始能确定也”。

在治淮理念上，柏文蔚一直关注的是整个淮河流域，不论是民国元年的导淮兴垦条议，还是1928年的导淮说明书，都着眼于全局，涉及豫、皖、苏、鲁四省。由于治理的是整个淮河流域，工程极为浩大，费用自然不少，1928年柏文蔚初步估算高达7400万元，且柏文蔚将治淮的重心放在疏导上，即在入江入海方面的考虑。柏文蔚主张裁兵导淮，“若以被裁之兵数万从事导淮”，则千万亩之地不难立致，而百余万被裁之兵，均将各得其所。

由于在治淮经费的预算与考虑上，柏文蔚的计划宏大，所需费用不低。1912年柏氏考虑“导淮及屯垦之费，至少约需二千万元”。费用筹措采取举借外债、集股或者发行国债票与彩票的办法。1928年柏氏的估算已达7400万元，费用解决让政府先垫支一部分，然后通过募集公债来解决费用，募集一万万元，以五千万元为导淮银行基金，五千万元为导淮专款。实际上，民初时期无论是中央抑或地方财政都极为困难，安徽的水利经费少之又少，柏文蔚的治淮计划难以得到实施。

3. 从事革命不稍衰

二次革命失败后，柏文蔚东渡日本。后来加入了孙中山组织的中华革命党，在海外各埠奔走，四处筹款，资助革命。1916年2月，柏文蔚回到上海，奔走于浙江、安徽一带，募集人马，筹措给养军需，以备讨袁。

1918年，柏文蔚任靖国军川鄂联军前敌总指挥，1920年又兼任鄂军总司令。他先后在四川夔州、湖北恩施一带指挥作战。后来南北议和，柏辞去总指挥一职后，谭延闿邀请柏到湖南休养，柏为谭运筹帷幄，积极参与军事活动。1922年，孙中山任命柏文蔚为建国军第二军军长，柏即在韶关、南雄一带集结部队，为孙中山的北伐大计积极准备。1923年，孙中山指派柏文蔚参加改组国民党，并参加国民党临时中央的工作。1924年1月，在国民党第一次全国代表大会上，柏文蔚所作军事报告，推动了第一次国共合作。会上，他当选为中央执行委员。同年秋，柏文蔚赴北方策动军队，奔波于豫、鲁、冀、察各省和上海之间，为北伐做准备。同年底至翌年春，柏文蔚奉命赴河南，协调国民革命军第二军、第三军的团结，并在黑石关洛河东岸击败了北洋军队。此间柏文蔚曾任河南军校校长。1926年，在国民党第二次代表大会上，他再度当选中央执行委员。

1927 年 1 月，柏文蔚以淮上军为基础，组建国民革命军第三十三军，并任军长。1928 年 2 月，在国民党二届四中全会上，被选为中央军事委员会委员和国民政府委员。1927 年 4 月 12 日，蒋介石发动反革命政变，捕杀共产党人，实行独裁统治。柏文蔚强烈反对，他率领第三十三军营以上军官发出通电，宣布拥护孙中山的“联俄、联共、扶助农工”三大政策，敦促蒋介石下野，由此得罪了蒋介石。蒋授意何应钦撤免了柏的第三十三军军长职务。柏以北路宣慰使的空衔，在寿县创办“学兵团”。1928 年蒋介石复职后，柏文蔚的宣慰使空衔亦被免去。

九一八事变爆发，日本入侵东北，柏文蔚抨击蒋介石“攘外必先安内”的政策，并联络冯玉祥、方振武等将领，奔走呼号抗日，柏文蔚因反蒋还差点遭人暗算。直到去世，柏文蔚都未能获得蒋介石的信任，因此也未能获得重用。1947 年 4 月，柏文蔚在上海逝世，终年七十一岁。除了一些随身衣物和写字用的毛笔、砚台和墨条外，其他的几乎没有留下什么。

三、多财善贾：倪道杰

倪道杰（1890—1942），字幼丹，安徽阜阳人。先后毕业于北洋客籍学堂，顺天高等学堂，前清监生，分部员外郎，分省补用直隶州知州。民国国务院铨叙局主事，被授予三等嘉禾章，参议院议员，安徽督军公署高等顾问，安徽省省长公署高等顾问，安武军粮饷局局长，冀察绥境主任公署顾问，大丰面粉、裕元纺织、大成油漆等股份有限公司总经理，寿丰面粉、振业企业等股份有限公司董事长，中兴煤矿、烈山煤矿、丹华火柴、利中制酸等股份有限公司、盐业、金城等银行董事。

1. 协助父亲处理政务

倪道杰，1890 年 10 月出生于阜阳颍西倪寨村（今属阜南县柴集），其童年少年都是在此度过的。当时倪家已是闻名方圆百里的名门望族，祖父兄弟四人均曾出仕为官，皆有威名。

咸同年间，发捻叛乱，祖父倪淑，筑寨自保，由于其威望和号召力，周围圩寨多奉他为盟主，方圆百余里，咸听约束。后来倪淑入袁保恒、倪文蔚幕，又到四川开县、长宁县等地为官。“归里后，隐居乡僻，终身不履城市，日以课孙为业”。倪淑的为人处事和家教，无疑对子孙产生了影响，“淑为人正直和易，义之所在，艰危必赴；义所不可，虽权势不能要而夺也”。因父亲倪嗣冲已出外做官，所以倪道杰的早年教育就由爷爷来承担，知晓祖训家规，诵读四书五经，初步接触新学。

1905 年 2 月倪淑去世，倪嗣冲回乡丁忧守制。9 月，袁世凯、张之洞奏请立停科举，开设新式学堂。清政府下诏次年开始，所有乡会试一律停止。11 月，袁世凯催倪嗣冲立即返津，任其为北洋行营营务处总办。倪嗣冲非常重视孩子的教育，于是将倪道杰由家乡带到天津，入读北洋客籍学堂。北洋客籍学堂是 1905 年 9 月受时任直隶总督袁世凯之命开办的，该校生源主要是在津的外地官吏子弟。当时在北洋客籍学堂就读的还有弟弟倪道烱。自倪道杰离开家乡来到天津后，便开始接触外面的世界。

1907 年 11 月至 1909 年 9 月，倪嗣冲先后担任黑龙江省民政使、巡防营翼长、官盐局总办、禁烟所总办等职。由于这时倪嗣冲远在东北，自然对倪道杰没有太多时间管教。1908 年倪道杰考入顺天高等学堂，赴北京就读。倪嗣冲被革职后，1909 年底至 1911 年常常穿梭于京津间，与一些要人接洽，自然会有较多时间关注倪道杰的学业。

1911 年武昌起义爆发后，倪嗣冲被重新起用。1912 年倪嗣冲率武卫右军一部开始驻扎皖北，后负责督办苏豫皖鲁毗连地方剿匪事宜。倪道杰自顺天高等学堂毕业，虽获监生资格，任分部员外郎，然清政府风雨飘摇，正常的仕途道路自然被打断。可以想到的是，在这段时间里，倪道杰一度随父返乡。1913 年 7 月倪嗣冲任安徽都督兼民政长，开始了督皖八年的历史，而倪道杰先后任安武军粮饷局局长、安徽督军公署高等顾问、安徽省公署高等顾问等职务。

数年间，倪道杰往返于天津、北京、蚌埠、安庆、南京、徐州、上海等地，主要协助父亲处理安徽政务，特别是为安武军筹备粮饷。倪嗣冲督皖后，不仅省内的清乡剿匪、民刑各事、经济建设需要处理，而国内政局的变动常常耗费倪嗣冲更多的精力。处理这些事务，倪道杰多参与其间。袁世凯帝制自为引发南北战争，1916 年初倪嗣冲派军队开赴湖南，后方接洽皖军赴湘军费筹措事宜就由倪道杰负责。1917 年至 1918 年倪嗣冲两次派军入湘作战，支持段祺瑞的武力统一，倪道杰同样参与粮饷筹措，并赴京催领，以济前方军需。倪道杰还多次奉父命拜谒张勋、李纯、冯国璋、徐世昌等人，与他们沟通信息、联络感情，处理一些特别事务或者私谊活动。

倪嗣冲督皖后期，因身体每况愈下，很多事务往往就需要倪道杰等人代行。1917 年 8 月倪道杰叔叔倪毓棻去世，倪嗣冲伤心过度，身体状况欠佳，再次萌生辞意。随之倪道杰服侍左右，有时替父代行公文。倪嗣冲对倪道杰的人生安排上并未过多为其仕途铺垫，或者说无意于其在政界发展。但由于倪嗣冲本人一直参与国事，且不少中央要人都是过去的北洋袍泽，排除这层关系不说，倪道杰本人忠诚稳重、踏实进取，极易受到一些要人器重，因此他一度被选任为国务院铨叙局主事、参议院议员。1920 年 9 月倪嗣冲辞去本兼各职，由于倪道杰多年为安武军筹备军饷，自然与各路统领关系极为密切，如马联甲、李传业、王普等人，因此在倪嗣冲卸任督军一职后，曾有人主张，安徽陆军总指挥一职应由倪道杰担任，不过倪道杰坚辞不受。

20 多岁的倪道杰能够协助父亲担此大任，勇于任事，倪嗣冲还是比较快慰的。“维时道杰方佐公治皖，学识弥益宏邃，公亦喜继志之有人，每于酒半掀髯称快，语及时事则又微露愤慨之意。”倪嗣冲赴津养病，倪道杰也随之常住天津服侍。

2. 投资管理近代企业

近代以来，民贫国弱，列强环伺，利权尽失。倪嗣冲讲求经世之学，如何才能强兵富国或许是倪嗣冲一直关注的问题。当然倪道杰早年在天津、北京接受教育时，自然会耳濡目染一些新学课程，后来的实践证明，他对工矿实业较感兴趣，或者说当时其胸中已有实业报国的豪情壮志。

倪道杰在安徽的经营主要是矿业。1915 年淮北烈山煤矿招收新股，倪嗣冲出资 20 万元，改组普利公司为普益煤矿公司，聘请德国人比相贤为矿师，倪道烺为经理，倪道杰为董事长，后来续招股洋 120 万，通过购置蒸汽机等器械，开凿新井，产煤日多，倪道杰时常在自己家中与股东商讨矿山经营等事宜。1918 年倪道杰成立益大中兴公司，试采青龙山之煤矿。同年倪嗣冲招集商股，在当涂设立益华铁矿公司，倪嗣冲、倪道杰父子共出资 30 万元。是年 12 月安徽实业厅呈文农商部，称倪道杰请求开采宣城南乡周王村大小鼓岭、牛形山等处煤矿。为了实现采、炼一体，倪氏父子 1919 年试图在繁昌县建立华昌炼铁厂，受限于资金技术等因素，未能办成。后来，倪道杰入股上海和兴钢铁厂，将安徽铁矿石运往上海。此外，1920 年倪嗣冲还以倪道杰的名义投资山东峄县中兴煤矿，倪道杰任公司董事。

倪氏父子除在矿业方面经营外，还在其他领域进行了巨额投资。倪氏所投企业涉及金融、纺织、面粉、化工、矿业、农业等领域，主要有以下几个方面:农业方面有普益林场、开源农场(新开源农场)；矿业方面有益大、烈山、中兴、建昌煤矿、益华铁矿、和兴钢铁等；金融方面有金城、大陆、盐业、中法振业、天津兴业、中华汇业、边业银行、太平保险公司等；面粉业有大丰面粉、庆丰面粉、寿星面粉、嘉瑞面粉、寿丰面粉等；纺织业有裕元纱厂；化工方面有丹华火柴、永利化工、大成油漆、漂白粉厂、利中酸厂等。从时段上看，倪氏实业投资可以分为几个时段，1915 年至 1920 年，倪氏所投企业的发起、创办阶段，几乎大的企业都是在这一时期投资的，能够控股。20 世纪 20 年代后，所投企业几经起伏，有的经营出现困难。1930 年代后，所投企业有的快速发展，有的破产，有的股权丧失。

这些企业中，倪道杰一度能够控股、参与管理的有丹华火柴、开源农场、金城银行等；倪道杰直接管理的有烈山煤矿、益华铁矿、裕元纱厂、新开源农场、寿丰面粉等；倪道杰有股份、参与管理的有永利化工、大陆银行等；其他企业一般倪道杰仅作为投资人。

安徽烈山煤矿被没收后，企业经营便一蹶不振，各方盼望倪道杰能够设法安排复工，不管是人事安排，还是资金投入。1933 年倪道杰试图自己筹款对烈山煤矿进行复工。1935 年 10 月倪道杰被选为烈山煤矿商股董事。1936 年 7 月烈山煤矿公司由实业部核准登记，筹划复工，11 月向交通、江苏、国民、金城、大陆等五银行借款 15 万元，又向振兴企业股份有限公司借款 10 万元，以矿权及公司所有动产及不动产为抵押，其中，倪道杰向各方融通，积极谋划煤矿借款复工。

金城银行开办时，倪氏投资最多，倪道杰任董事。金城银行发展迅速，通过几次扩股，股权改制，倪家所占股份日益下降，至 1936 年时随总行迁往上海，倪家所占股份已经大大减少。开源农场是华北地区规模最大的农场，1920 年开办时有 30 余位股东，由于经营不善，1924 年股权转让，股东只有倪道杰和裕元纱厂，然而农场的经营并未好转，多年处在维持状态，因资不抵债，1935 年被诚孚公司接管。

倪道杰投入精力较多的是裕元纱厂、寿丰面粉、丹华火柴等企业。丹华火柴是华北地区规模最大的火柴厂，由于倪氏对火柴厂并无更多经验，虽然控股，但在企业具体经营上放手给他人去管理。1928 年后因时局变动，股权有所隐匿。

寿丰面粉是天津最大的面粉厂，生产量一度达整个天津面粉业的一半。寿丰面粉是在大丰、民丰的基础上改制而成。其中大丰是 1920 年开办，董事长为倪道杰。1925 年，倪道杰与佟德夫、孙俊卿、杨西园，共同投入资金，更新设备，组建三津寿丰面粉公司，由倪道杰任董事长。1929 年将永年面粉公司并为寿丰二厂。1933 年收买民丰天记面粉公司为寿丰三厂。1934 年 1 月寿丰面粉股份有限公司通过核准登记，寿丰公司由三津、永年两公司合并，扩充资本四十万，资本总额计一百七十万元。寿丰公司长期由倪道杰担任董事长，直至其去世。

裕元纱厂是倪道杰耗费精力最大、投入资本最多的企业，一定程度上可以说裕元业绩直接影响到倪氏投资企业的资金链。裕元纱厂 1918 年正式建成后，倪道杰任董事一职，1923 年王郅隆去世后，倪道杰被推为总经理。虽然经其苦心挽救、左右腾挪，最终依然资不抵债，未能走出困境。

倪幼丹可以选择的生活空间较大，其曾任国务院铨叙局主事，参议院议员，安徽督军公署、省长公署顾问等职。倪嗣冲去职后，安徽军政界一度还想让倪幼丹出任安徽陆军总指挥一职，倪幼丹坚辞不受，其意在工矿实业投资，不断开拓创新，甚至敢于冒险。除上述普益、益华、裕元等公司外，倪幼丹投资的企业还有中法振业银行、大成油漆、利中酸厂、永利化工、益大煤矿、和兴钢铁等。投资这些企业有的是为了构建产业链，如投资和兴钢铁就是益华铁矿的销售，有的则属于摸索前行、填补市场空白，如倪幼丹投资的大成油漆是近代华北第一家油漆厂，后因技术、人才的短缺而转手他人，但其为天津油漆工业的发展奠定了基础。天津硫酸市场为外货所占据，倪幼丹投资利中酸厂同样出于实业救国的考虑，与日货争夺市场，发展民族化工产业。利中酸厂的资本来源，即由倪、万两家牵头募集。倪家由倪幼丹出面，以自有土地作价 1.8 万元作为投资，又联系了当时工商界中一些知名之士，如周作民、岳乾斋、赵廓如、高亚杰（北京振北制革厂经理）、丁孟麟、项微云（上海通文油墨社）、胡金钢（天津启华染业公司）等人。万家则由曾任黑龙江督办万福麟的长子万国宾出面，主要是军政界的一些人士，如商震、宋哲元、韩复榘、孙殿英等人，随之通过利中酸厂股份有限公司章程，成立董监会，1933 年 10 月，正式向国民政府实业部申请登记。

3. 勇于担当的士人情怀

倪道杰对朋友忠诚守信，敢于担当，他常常为企业向银行通融借款，并愿作保人，承诺“鄙人愿负完全责任”。这些企业有自己经营的，也有参股的。如倪道杰 1922 年致函周作民，称上海和兴钢铁厂系友人陆伯鸿经理招足股本银一百万两设立，眼下各种机器已经装设完备，即将开工，用款浩繁，请金城沪行往来透支，以规元二万两为度，“俾资周转，弟当在保人之列”。这些以个人信用进行担保的借款，有些呆账就由倪道杰个人来偿还。还有一些借款担保，完全出自倪道杰对朋友的相助。如为江西瓷业公司、上海信谊公司向金城银行借款的担保，还有为唐理淮、林湘如、冯梦韩等个人借款的担保。1937 年 2 月 23 日至 3 月 1 日，倪道杰在《大公报》上连续刊出个人启事："查鄙人历年服务社会，提倡实业，对于担保银钱之事，受累甚深。现因个人绵力微薄，惟恐有失信用，嗣后不论亲友，如有委托担保银钱者概行谢绝，特此声明！"

当然，倪幼丹的担当不仅是为朋友方面，对一些企业经营的接手与维持，也充分体现了其"知其不可而为之"的担当精神。1920 年开源农场设立后，由于时局变动，股东意见分歧，加之基础设施投入较大，募集股本困难，公司如何生存成为难题。倪幼丹选择进行资本追加投入，力求能够盘活经营，成立新开源公司。1925 年 3 月新开源公司设立之初，倪幼丹致函公司，称因病赴西山静养，筹备主任实难担任。新开源公司有朱启钤、吴鼎昌、张仲平、周作民等人参与，倪氏在自然人中投资所占最多。实际上 1924 年 7 月倪嗣冲去世后，倪幼丹身体状态不佳，不难想见，几经周折，如让公司存活并希冀有所转机，倪幼丹只有勉为其难，担当起来。裕元纱厂也是如此，1923 年王郅隆去世后，倪幼丹、王景杭等人挑起管理公司的重任，直到 1935 年 1 月选择停工。裕元公司的停工，使倪王两家产生纠纷，甚至王景杭起诉倪幼丹用人不当、账目不清。

烈山煤矿被没收后，经营不善，无论是官办还是官商合办，一直处在亏损之中。倪氏家族六十万元股本虽多次抗辩并未得以返还。一般商股多次表达要求商办，1935 年 9 月作为煤矿总经理的章祜代表官方在天津与倪道杰、倪道烺晤谈烈山煤矿改组事宜，倪道杰、倪道烺极表诚恳，愿意与部方合作，促成煤矿复工。随之倪道杰联系金融界进行借款，并筹设振业公司作为第三方对烈山煤矿进行投资。烈山煤矿、银行与振业公司三方最终确定签订合作协议，官商合办烈山煤矿股份有限公司向交通、江苏、徐州国民、金城、大陆等五银行借款十五万元，向振兴企业股份有限公司借款十万元，以矿权及公司所有动产及不动产为抵押。三方于 1937 年 1 月 1 日在上海正式签订借款合同。官商合办烈山煤矿股份有限公司委托振业企业股份有限公司代为管理，不过先由振业企业股份有限公司出资复工，待正式出煤后再由五行拨付借款。1937 年 1 月烈山煤矿即由振兴公司接管，聘前矿山协理倪冠卿为矿长，主持矿场一切事务，6 月底完成打水复工计划，7 月开始营业。正是在倪道杰的谋划之下，烈山煤矿复工营业。

当然，倪道杰不仅勇于担当，而且乐善好施、赈灾济贫。1931 年江淮大水灾，倪道杰筹洋十万元计划赈济阜阳水灾，并捐设粥厂。1936 年 10 月 28 日国民政府颁令，“准安徽省政府咨请褒扬阜阳县倪道杰一案，经部核明与条例相符”，“准予题颁流惠梓桑匾额一方”。

倪道杰还被推为耀华学校校董事会董事、旅津安徽公学校董会常务董事、安徽会馆董事。倪幼丹“被举为耀华中学管理委员后，对于校务极为热心，实事求是，并聘当代名流曹润田、龚仙舟为该校管理委员，荐举陈晋卿为校长，彼时该校尚在英人管辖之时，有二三英人颇持异议，幼丹奔走，力争卒底于成，复为全校职教员筹津贴，为学生捐募奖学金达数万元之巨，颇为学界所称颂”。

1942 年 3 月 6 日子夜，倪幼丹去世，3 月 12 日《实报》以“津市慈善名流倪幼丹逝世”为题报道了这一消息。云其“曾任参议院议员，自随侍其尊人退职居津，一力经营实业，不问政事，度其安逸之岁月，三十年于兹，天性仁慈，赈灾济贫不遗余力。曾自镌农工商矿小练习生倪幼丹之图章一方，表示其专心于实业之诚意，其所营之各大公司，如大成油漆、大丰面粉、开源垦务、裕元纺织、寿丰面粉等公司及南省普益煤矿、益华铁矿、振业企业各公司，虽有盈亏之不同，然不可以成败论人，究不失为一实业专家也。并投资于金城、大陆、中南各大银行，并任金城董事、寿丰董事长，今年更自设益生米庄，营业尚称发达，是以兴趣甚佳，身体素健，食量兼人，年甫五十三岁”，“今闻溘逝，莫不同声共惜”。

从政抑或经商的人生选择曾经摆在倪道杰的面前，或许经过反复权衡或者听取父亲的教导，他并不热衷于追逐功名，而是将更大的精力投入实业之中，在他心中或者有自己的商业帝国蓝图，然而壮志未酬。与父亲这一代人比起来，他没有沿着父辈的为官之路，而是有所突破。与自己的同代人比起来，特别是与自己身边接触的“官二代”相比，倪道杰忠厚朴实，他承担很多，努力很多。

四、史学奇才：萧一山

萧一山，名桂森，号非宇，1902 年 5 月 7 日生于江苏省徐州市铜山县西关高堤湾。萧氏属“殷民六族”之一，宋乐叔因功受封于萧（今安徽萧县），遂以萧为氏，是为萧氏始祖。萧一山的曾祖萧大立，曾任清朝基层官吏，为政清明。祖父萧天福，四岁时成为孤儿，成年后性格慷慨，尤能扶危解困，济人之急，但不幸早逝。父萧宗雅，以监生应乡试，但未获功名，从此绝意仕进，以教读为业。平时则主持一方公益事业，为人排难解纷。又曾组织乡民举办团练，应民国初年的溃兵之祸，保一方平安，深得乡民敬重。在家里，萧宗雅对子女的督责异常严厉，但在子女择业方面，萧宗雅给予最大的自由，一任他们发展自己的长处。在时人均以科举为荣的时代，萧宗雅鼓励子女们学习英文、算术等实用性较强的学科。萧一山兄弟七人，除萧桂山、萧桂林早卒外，其余五人职业各异。长兄萧品益任教徐州中学堂，又曾负责道路测量与铁路建筑工程；萧桂芬独自经营益泰商店；萧桂馨毕业于苏州陆军学堂，服务于军旅；桂芳毕业于警官学校，担任警官。萧宗雅的学术旨趣、开明的思想，对萧一山治学产生了很大的影响，教育自由的提倡、经世思想的形成，大概在年幼的时候就已播下了种子。萧一山外祖父名伏有俭，曾追随伊兴额“剿捻”，战死在东平，遗有一女，即萧母伏太夫人。伏氏勤劳贤良，“内怀诸姑，外应四邻，辑睦无间，人不忍欺”，远近有口皆碑。萧一山认为自己的性格学行，得益于其母者居多。

1.“学术经世”的事业

萧一山三岁启蒙，跟随二姐“以指习数”，四岁时在其父指导下读《三字经》《百家姓》《千字文》，五岁时在母亲指导下学习唐诗，七岁接触《诗经》《书经》

《左传》。在这前后，有一个叫杨群的轿夫对萧一山历史兴趣的萌发影响颇大。数十年后，萧氏依然记忆犹新："他能把成套的《三国演义》《东周列国志》《说唐》《岳传》，不假思索，随口说出。讲得有条有理，并且随时能提起高潮。"1911 年，晚清新学制开始，萧一山入小学堂就读，受教于任凤迁，读《古文观止》《东莱博议》等书。1912 年，他考入铜山县立第一高等小学，受教于梁天锦、顾子扬。两位老师史地知识渊博，教学认真，使萧一山对历史的兴趣更加浓厚。梁天锦给他取字一山，原学名桂森遂弃置不用。1915 年，萧一山高小毕业准备升入中学，但徐州中学堂已经停办，去南京中学就读的路费和高昂的学费家庭难以承担。好在天无绝人之路，恰逢山东济宁省立第七中学来徐州招生，学费较低，萧一山遂与同学二十多人一起进入该校读书。时任国文教师的吕今山国文根底深厚，萧一山受益匪浅。

1919 年，萧一山中学毕业，本欲考北京大学预科，再次因学费问题未能如愿。在同学的介绍下，他进入山西大学预科，学习文史，萌生撰写中国通史的宏大计划。是时，但焘译日人稻叶岩吉著《清朝全史》正在中国风行一时，萧一山深以为耻，于是改变计划，发奋撰写《清代通史》。这一宏伟目标，给萧一山毕生从事清史研究提供了无穷的动力。1920 年山西大学预科尚未毕业，即着手搜集相关资料，拟订篇目，构思导论。次年，萧一山考入北京大学政治系，但依然于课余全力从事清史研究。同一年，萧一山参加朱希祖组织的明清档案整理。这一过程中，大量从未谋面的珍贵资料呈现在他的面前，为《清代通史》的撰述提供了取之不尽的资源。1923 年，上卷六篇全部完成，由北京中华印刷局出版问世，封面书名由沈尹默题写，内封面由孙中山书写。二十一岁的青年学生出版《清代通史》，立刻在学术界引起巨大轰动。学界名人如梁启超、李大钊、李泰棻、朱希祖、蒋梦麟、杨栋林等纷纷为之撰写序言。梁启超说："萧子之于史，非独识力精深，乃其技术亦罕见也"，"遵斯志也，岂惟清史？渔仲、实斋所怀抱而未就之通史，吾将于萧子焉有望也！"今西龙序曰："他能够将浩瀚的旧材料，融化成自己的东西，又加上许多新史料，并且记述也安排得宜，详而且确实，是从来得未曾睹的佳著……必有成为世界的大史家之一日。”梁启超不仅对其史才、史学、史识给予高度赞誉，而且把未来成就中国通史的希望寄托在萧一山身上。得此褒扬，萧氏治史益加勤勉。1925 年，中卷完成，封面由梁启超书写，内封面由蔡元培题写，由中华印刷局出版。

同年，萧一山应梁启超之邀赴清华大学任教，梁主讲文化史，萧主讲政治史。由于没有可供使用的教材，萧一山便自己编写讲义，这就是后来的《中国通史大纲》。另外，萧一山任教于北大、清华、文史政治学院期间，还应近代史教学之需编写了一套讲义，即《清代通史下卷讲稿》，并排印出来发给学生。由于萧氏久负盛名，某些出版机构遂偷偷印刷并销售牟利，致使讲稿在学术界广泛流传，并引来一片批评之声。1932 年 10 月 3 日，陈恭禄在《大公报・文学副刊》上发表《评萧一山清代通史下卷》一文，就下卷中太平天国与英法联军之役两章提出批评。萧一山撰文回应，双方唇枪舌剑，火药味愈来愈浓。后来萧一山将所有辩论文字汇为一编，成《清代通史下卷讲稿辩论集》一册。关于此事，萧一山负有一定责任，但这次辩论也对他产生了积极影响。下卷初稿完成后，萧氏就有尽早付印的打算，但时隔近四十年后方正式出版。固然是由于篇幅巨大、史料庞杂，但陈恭禄的发难也使他更加谨慎，这也是下卷迟迟未能付梓的重要原因。

1932 年，萧一山在南京中央大学任教期间，蒋介石通过朱家骅传来口信，会见萧一山。蒋介石对萧氏所谈治平之道颇感兴趣，邀其从政。萧一山提出必先赴欧美考察，了解西洋文化后才能做出决定，蒋介石立即拨出专款两万银元予以资助。这是萧一山学术生涯中的重要事件。萧氏在太平天国、中国秘密社会史料等领域所做的巨大贡献都得益于这次西行。随后，萧一山于上海起碇赴英，考察英国的政治、经济状况。同时拍摄抄录了大量太平天国、天地会及其他资料。1934 年，启程归国，途经苏联、波兰、德国、奥地利、意大利、法国、比利时、美国、日本等国，顺便考察各地社会制度、风俗文化。归国以后，将所得资料进行整理，编成《关于中国的大英政府文书总目》，于 1934 年底出版发行；《近代秘密社会史料》《太平天国诏谕》两书，1935

年由北平研究院出版，故宫博物院印行。次年，《太平天国丛书第一集》汇编完成，由北平国立编译馆出版，商务印书馆发行，《太平天国书翰》也辗转在1937年出版。另外，萧氏有意将在牛津大学摄取的《资政新篇》等文编入《太平天国丛书第二集》，择期出版，但因倭寇侵华，该计划最终没有实现。

萧氏于海外致力搜讨各种文献，极大地丰富了太平天国和天地会文献的宝库。朱希祖说："此书一出，吾知本国研究太平天国史者必咸嘉萧君之功，盖其成绩比程、刘二君更弘大也。"谢兴尧对萧氏功绩同样高度评价："历年以来，抄回太平史料之人如程演生、刘复等均不如萧一山先生所抄之富。"对所集文献，萧一山又一一写出序文或跋文，对史料的面貌、流传、真伪等情况予以说明和解释，同时辑佚补缺，修正前人认识上的错误，为深化该领域的研究做出突出贡献。当然，智者千虑，或有一失，萧一山的工作并非尽善尽美，其失误之处，时人及后人均有辨正，不再详述。

九一八事变后，东北百余万平方公里的锦绣河山于旦夕间沦于敌手。国家的危难、民族的不幸强烈刺激着久已安坐于书斋的学者。1932年10月，由历史语言研究所主持撰写的《东北史纲》一书出版，傅斯年、方壮猷、徐中舒、萧一山、蒋廷黻分别撰述其中一部分。该书出版于东北沦陷之际，以史经世的目的至为明显。1937年，倭寇侵略步步紧逼。此时，素以经世为志的萧一山尚在开封河南大学任教。面对日寇凶焰和危难的国势，他纠集同志，于是年1月创办《经世半月刊》。在发刊词上，萧氏大声疾呼学人关注国家命运，以学术力量救亡图存。该刊计划每年两卷，每卷12期。但出版至二卷三期时，恰逢八一三事变爆发，不得已延误两月。于是萧氏决定由开封分社负起复刊的责任，由范文澜担任主编，刊名改称《战时特刊》，仍为半月刊。内容性质则由较多的研究性文字转为宣传与督促抗战，更加突出经世特色。虽然倭寇步步扩大侵华战争范围，但《战时特刊》仍然在颠沛流离的环境中艰难维持着。刊社地址一年数变，主编也因之数度更易，但始终坚守着经世主旨。重庆遭日寇轰炸以后，《经世半月刊》作为私人捐助的刊物，困难重重，难以为继，只好把期刊的时间加长，继续刊载学术性质文章。在出版一期学术专号后，因时局艰危于1940年6月改为季刊发行，刊社地址不久亦移至成都。1943年10月19日，萧一山等在重庆召开经世学社成立大会，与会者五十余人，选举萧一山等二十一人为理事，顾颉刚、蒙文通等著名学者都成为该社成员。同时决定以经世学社名义出版丛书多种。1945年，国内战局渐趋明朗，经世学社也获较大发展，共有会员五百余人，建立分社六处。于是将季刊改成月刊，1月在西安正式发行，以期逐步恢复原有规模。抗战胜利后，萧一山出任李宗仁主持的北平行辕秘书长。在李提议下，萧一山创办《经世日报》，继续宣扬经世思想与经世学说。李宗仁任董事长，聘请张忠绂任报社社长，蓝文徵为主笔，编辑部、经理部人选也多是萧一山的学生。1948年，随着国民党在大陆节节败退，北平行辕宣告解散，《经世日报》就此停刊。是年，萧氏举家迁往台湾。

十一年的办刊经历是萧氏一生学术活动的重要组成部分。该刊虽随时局变化数次变更出刊形式，但"经世"的名称始终没有改变，表明萧氏了以史经世的坚定信念。在刊物创办之初，他就撰写《经世释义》一文对"经世"思想着力阐释。以后每届周年或刊物更名，萧一山都有专文引申发挥，"经世"的内容逐渐充实并且形成完整的思想体系。它不仅有力地推动萧氏学术由故纸堆逐渐达于活生生的现实，更以其强烈的现实精神在学界独树一帜，对中华民族抗战事业的最后成功也做出应有的贡献。

寓居重庆、三台期间，萧一山另有三部重要著作出版，即《民族之路》《清史大纲》和《曾国藩传》。《民族之路》将作者在《大公报》《时事新报》《中央周刊》及《战时特刊》等刊物上所发探讨民族问题的十二篇文章汇为一编，分为导言、史实的分析和理论的阐明三大部分。中心思想是以历史事实为依据，探索抗战事业的前途和中华民族的未来。《清史大纲》一本《清代通史》，但删繁就简，更加突出地表现清初以来绵延不绝的民族革命，是萧氏民族革命史观的集中阐释。《曾国藩传》一书叙国藩家世、功业与学术，既为其"经世"学说增加论据，同时寄寓了作者立功、立言的人生理想。萧氏一介书生，在政坛呼风唤雨与在战场叱咤风云均非所长，凭手中之笔，讲论民族文化，颂扬民族革命，以此激发国人抗日斗志，免遭沉沦，也是学界“学术救国”的应有之义。

1951年，萧一山年近五十岁，乃仿学界名人之例撰写《非宇馆五十自述》。该书既是作者对往事的回忆，也是对五十年来学术、政治、教育生涯的总结。1952年10月，萧一山应中华文化事业出版委员会之请，撰成《清史》一书。该书虽仍以民族革命史观为线索，但对帝国主义者侵略原委等部分所述更加详尽。在以后的几年中，台湾文化事务主管部门将萧一山的《曾国藩传》《太平天国丛书第一集》《中国近代史概要》等学术著作重新付印，作为普及文化、加强教育的重要措施。虽然提高了萧一山在台湾的声誉，但在学术方面并没有新的创见。

萧氏在台曾担任“中央研究院”院士、“中国史学会”监事、“国史馆史料审查委员会”委员等行政职务。虽为各类事务牵扯，很难集中精力于学术，但未竟之业依然常常萦绕于心。包遵彭曾力陈“先生以垂老之年，如不及时完成此旷古巨著，将来恐有力不从心之叹！”萧一山深感震撼，于是在妻女帮助下，将《清代通史》上中两卷重新修订，补齐下卷，终于在四十年后写成完整的《清代通史》，给萧氏在台学术生涯添上了最为精彩的一笔。1978年7月4日，在参加“清史档案会议”期间，突发心脏病，一代史才与世长辞！

2. “挽颓救弊，教育是赖”

1924年，萧一山从北京大学毕业。因《清代通史》在学术界已负盛名，他获得留校担任助教的机会。1925年，经由梁启超推荐，始赴清华大学，任高等教学部教员，不久改聘为大学部教授，并同时担任“留美预备部”研究指导。此间，梁启超主讲中国通史文化史部分，萧主讲政治史部分。二十余岁的青年与学界大师同执教鞭，在清华一度引起很大轰动。1926年，萧一山承北京大学代理校长蒋梦麟邀请，接受该校教学任务，另经张凤举介绍任教于北平孔德学校。不久，辞去清华大学教授职务，旋经白眉聘任为北平师范大学教授。次年，又于北平女子师范学院谋得教职。任教各校的经历不仅大大提高了萧氏教学技能，形成了自己的教育理念，而且进一步开阔了眼界，对以后治学、从教均不无裨益。

萧一山对传统机械的教学方式深表厌倦，主张效法颜元学风，建立一种兼修政治、文学与史学的高等院校，培养学生“重习行、尚实用、坚苦朴”的品格，以期适合国情而能应用于实际。1928 年，在张荫梧的支持下，萧一山创设北平文史政治学院，准备同时开设研究班、大学、中学和小学，下一步甚至准备开设幼儿园，使之成为覆盖各级教育的完全学校。由于社会认捐资金不能及时到位，仅开设了研究班和大学甲乙两级。招生中，抱宁缺毋滥原则，挑选极为严格，造成研究班生源严重不足，大学两级亦难尽人意。萧一山遂停办研究院，另组织人力于 1929 年筹建北平文治中学。由黎锦熙等十多人组建学校董事会，萧自任董事长，推举郁士元为校长。虽然萧一山雄心勃勃，试图以自己的教育理念培育应时人才，但因经费问题迟迟得不到解决，学校不得不宣告解散。

1931 年，萧一山接到中央大学朱家骅聘书，前往南京任教。1935 年，萧一山接受同乡刘季洪之邀，担任河南大学文学院院长。除完成规定的课堂教学任务外，他还聘请马君武、黎锦熙、任鸿隽、张忠绂、陶希圣等来校讲学。是时，萧一山与河南省政府主席商启予（商震）交往甚密，在商的推动下，河南大学历史研究所成立，聘萧为所长。经费每月八百元，由省政府拨付。随着日寇战火延及开封，河南大学先迁至豫鄂交界的鸡公山，后因在迁川问题上教员意见不一，萧一山离开河大，辗转来到四川。不久，即应臧启芳聘请担任迁往该地的东北大学文理学院院长。

1941 年 6 月，国民党政府教育部实行“部聘教授”制度，挑选一些威望较高、成绩卓著的教授，由教育部直接聘任，入选标准很高。聘任后月薪六百元，外加研究补助四百元。第一批确定的“部聘教授”三十人，代表史学界的，是萧一山和陈寅恪两人，后来才增补柳诒徵。其他学科能进入“部聘教授”行列的，也均属在该领域久负盛名的学者，如茅以升、苏步青、李四光、杨树达、吴宓、吴有训、庄前鼎、汤用彤、饶毓泰、曾昭抡、张景钺等。萧氏不到四十岁即获此殊荣，与前辈名家并列，足见其学术、教育成就已获政府和学术界广泛认可。

1944年1月，国民党陕西省政府聘请黎锦熙、萧一山、王捷三、高文源、唐得源组成筹备委员，以教育厅厅长王友直兼任主任委员，组成省立师专筹备委员会，行政院核准经费55万元，筹建省立师专。这是今天陕西师范大学的前身。其后，刘季洪调任陕西城固西北大学校长，萧一山亦随之任文学院院长。1945年至1948年任北平行辕秘书长期间，萧氏最为关注的是私立华北大学的发展状况。该校由蔡元培一手创办，抗战期间为日伪控制。抗战胜利后，在萧一山的努力下，华北大学宣告复校。李宗仁任董事长，萧一山代董事长，王捷三任校长。但随着解放战争节节胜利，该校存续仅三年时间即告解散。1948年，萧氏应傅斯年邀请赴台任教，他在大陆的教育生涯就此结束。二十多年间，萧一山不仅辗转奔波于各大学任教，还经常以论文的形式表达自己对教育的看法。除《北平文史政治学院创办缘起》《北平文史政治学院宣言》《北平文治中学校创办缘起》《论教育》《论人才》等文直接表达了自己的教育理想外，更有《向全国教育会进一言》《敬致西北教育界》《改革教育刍议》《清代之学风》《大学须养成学术研究风气》等系列论文，直接指斥国民党政府教育制度的弊端，提出详尽明确的改革建议。其文条理清晰、议论中肯，许多观点、意见对我国当前教育制度改革仍然有重要的参考价值。

萧一山赴台后，政务繁忙，很少有时间投身教育，但仍不时受各大学邀请演讲清史，或担任硕士、博士论文答辩委员会委员。在台期间，最值得称道的教育成就是逢甲学院的创办。该学院在1961年11月由萧一山、杨亮功、丘念台等人共同发起创办，萧一山担任首届董事长。最初办学条件简陋至极，但发展十分迅速。十多年后，已成为一个教学设施齐全、拥有23个系和13600余名在校生的高等级大学。在首届开学典礼上，萧一山发表书面致辞，阐明自己的教育理念："教育乃修身进德之业，不可视为私人祖产之业。妻儿不可干预校政也。若以学校为敛财工具，则为大学之盗，盗跖之徒也，岂能治校乎？"在他看来，教育是一种神圣的事业，绝不允许任何个人私利玷污其圣洁的面目。

萧一山一生从教五十年，虽没受过专业师范教育，却也深悉为师者传道授业解惑的艺术与技巧。据其弟子回忆，萧一山授课，既不带讲义，也不带资料，但旁征博引，口若悬河，对学生极具吸引力。当然，这些回忆性文章，或许有某些夸饰成分存在，但我们从其留下的某些演讲稿中仍可体会到见解精深和语言丰富带来的巨大吸引力。萧一山多年从教，师生关系中始终弥漫着一种浓浓的亲情。师生之间亲人般的交往，多年后学生忆起，仍感暖意融融："我们身受老师、师母的关怀与爱护，师弟师妹们亲如家人的接待，的确如感冬日春暄。每逢春节、教师节和老师的华诞，师母都安排时间让宗懋、治安、寿南、坚章和我到老师家吃饭团聚，除坚章外各人都是'阖家光临'。"亲情是师生关系的催化剂，对加强相互理解、提高教学效果有其他沟通方式不可替代的作用。既有为师之尊严、学识，又有为亲之雍容蔼穆，虽学无传人，萧氏亦无愧于良师之称。

参考文献

司马迁著：《史记》，中华书局，1959 年。

班固著：《汉书》，中华书局，2000 年。

陈寿著：《三国志》，中华书局，1959 年。

房玄龄等著：《晋书》，中华书局，1974 年

脱脱等编纂：《宋史》，中华书局，1985 年。

欧阳修著：《新五代史》，中华书局，1974 年。

薛居正著 ：《旧五代史》，中华书局，1976 年。

欧阳修、宋祁著：《新唐书》，中华书局，1975 年。

李延寿著：《北史》，中华书局，1974 年。

李延寿著：《南史》，中华书局，1975 年。

魏收著：《魏书》，中华书局，1997 年。

沈约著：《宋书》，中华书局，1974 年。

张廷玉等著：《明史》，中华书局，1974 年。

班固、范晔著，崇贤书院释译：《图解汉书·后汉书》，黄山书社，2016 年。

乔继堂编著：《秦始皇与战国七雄和大秦王朝》，上海科学技术文献出版社，2017 年。

张蓓编著：《汉高祖及其平民皇帝的开国英杰》，上海科学技术文献出版社，2017 年。

刘淑秀编著：《光武帝以及中兴大汉王朝的人们》，上海科学技术文献出版社，2017 年。

周志生编著：《隋炀帝及其短命王朝的忠臣叛将》，上海科学技术文献

出版社，2017 年。

周婧编著：《宋太祖及其黄袍加身的老友新朋》，上海科学技术文献出版社，2017 年。

袁和平编著：《明太祖及其布衣天子的开国功臣》，上海科学技术文献出版社，2017 年。

董义连编著：《康熙帝和他的宗亲能臣叛酋逆臣》，上海科学技术文献出版社，2017 年。

李然编著：《乾隆帝及其十全武功的谋臣战将》，上海科学技术文献出版社，2017 年。

范军著：《坐龙椅：明清帝王的风雨人生》，金城出版社，2018 年。

孟庆东编著：《中华帝王将相》，吉林出版集团有限责任公司，2015 年。

王晓磊著：《卑鄙的圣人：曹操》，江苏文艺出版社，2011 年。

吴晗著：《朱元璋传》，岳麓书社，2012 年。

陈梧桐著：《朱元璋传》，河南文艺出版社，2017 年。

张宏杰著：《朱元璋传》，广东人民出版社，2016 年。

余明侠著：《诸葛亮评传》，南京大学出版社，2011 年。

顾志坤著：《嵇康传》，团结出版社，2007 年。

张大可、徐日辉著：《张良萧何韩信评传》，南京大学出版社，2002 年。

夔驭著：《大谋略家：张良》，吉林文史出版社，2015 年。

张作耀著：《曹操评传》，南京大学出版社，2000 年。

张力著：《管仲评传》，四川大学出版社，2005 年。

余耀华著：《管仲：他为霸业而生》，华文出版社，2017 年。

宋战利编：《魏文帝曹丕传论》，河南大学出版社，2009 年。

汪本强著：《朱温传》，合肥工业大学出版社，2013 年。

张艳虎著：《戚继光传》，中国社会出版社，2006 年。

范中义著：《戚继光大传》，海洋出版社，2015 年。

陈鼓应、白奚著：《老子评传》，南京大学出版社，2001 年。

许抗生著：《老子评传：中国第一位伟大的哲学家》，广西教育出版社，1996 年。

李长之著：《孔子传》，东方出版社，2010 年。

匡亚明著：《孔子评传》，南京大学出版社，2011 年。

张秉楠著：《孔子传》，吉林文史出版社，2008 年。

周月亮主编：《历代大儒传》，山东人民出版社，1995 年。

李木生著：《孔子传》，贵州人民出版社，2016 年。

杨泽波著：《孟子评传》，南京大学出版社，2011 年。

颜世安著：《庄子评传》，南京大学出版社，2011 年。

阜阳市地方志编纂委员会编：《阜阳地区志》，方志出版社，2015 年。

吴寿祺主编：《安徽历史人物》，黄山书社，1990 年。

文娟主编：《中外名人全知道》，中国华侨出版社，2014 年。

李良玉主编：《阜阳历史文化概观》，黄山书社，1998 年。

中共中央文献研究室编：《毛泽东读文史古籍批语集》，中央文献出版社，1993 年。

吕思勉著：《中国通史》，凤凰出版社，2011 年。

黄仁宇著：《万历十五年》，三联书店，1997 年。

《安徽优秀传统文化丛书》编写组编：《皖北文化九讲》，北京师范大学出版集团、安徽大学出版社，2015 年。

郭豫明著：《捻军史》，上海人民出版社，2011 年。

政协沈阳市委员会文史资料委员会编：《沈阳文史资料》第 21 辑，1994 年。

安徽省地方志编纂委员会编：《安徽省志·人物志》，方志出版社，1999 年。

中国亳州网，http://www.bozhou.cn/2013/1127/122433.shtml。

孙彩霞主编：《柏文蔚全集》，黄山书社，2011 年。

孙彩霞著：《柏文蔚传》，安徽省政协文史委员会印刷，1997 年。

中国人民政治协商会议安徽省委员会文史资料研究委员会编：《纪念柏文蔚先生》，1986 年。

马启俊编著：《名人与寿县文化》，安徽大学出版社，2016 年。

杜文玉主编：《陕西简史》，陕西师范大学出版社，2014 年。

来新夏等著：《北洋军阀史》，南开大学出版社，2000 年。

王彦民：《徐树铮传》，黄山书社，1993 年。

中国第二历史档案馆编：《中华民国史档案资料汇编》第三辑军事（二），江苏古籍出版社，1991 年。

陈长河：《冯玉祥屯兵浦口与武穴主和》，《历史档案》1989 年第 3 期。

张永久：《缤纷满地落花红：项城袁氏家族文化评传》，郑州大学出版社，2015 年。

贾熟村：《对袁甲三家族的考察》，《平顶山学院学报》2008 年第 1 期。

唐浩明：《唐浩明评点曾国藩诗文》，广东人民出版社，2016 年。

池子华：《剿捻统帅的更迭与捻军的兴亡》，《安徽师范大学学报》，1988 年第 2 期。

中国第二历史档案馆编：《直皖战争》，江苏人民出版社，1980 年。

唐耀章：《湖南学界驱张运动前后》，湖南文史资料选辑（第 11 辑）。

许和钧：《关于张敬尧》，《湖南文史资料选辑》（第 11 辑）。

中国第二历史档案馆编：《中华民国史档案资料第三辑·民众运动》，江苏古籍出版社，1991 年。

张鸣：《北洋裂变：军阀与五四》，广西师范大学出版社，2010 年。

来新夏等著：《北洋军阀史》，南开大学出版社，2000 年。

莫建来：《皖系军阀统治史稿》，天津古籍出版社，2004 年。

毛德富主编：《百年记忆：河南文史资料大系》，中州古籍出版社，2014。

中国人民政治协商会议河南省郑州市委员会文史资料研究委员会：《郑州文史资料》（第 6 辑），1989 年。

张媛：《河南地方史》，中州古籍出版社，1995 年。

中国人民政治协商会议河南省委员会文史资料委员会编：《异军突起赵周人》，河南文史资料（第 31 辑），1989 年。

上海市政协文史资料委员会编：《上海文史资料存稿汇编·工商实业》，上海古籍出版社，2001 年。

李新、孙思白、朱信泉等主编:《中华民国史人物传》(第 5 卷),中华书局,2011 年。

孙曜东口述，宋路霞整理：《浮世万象》，上海教育出版社，2005 年。

孙传樾：《寿州孙文正公年谱》，1909 年。

余音：《孙家鼐创办京师大学堂风云》，人民出版社，2008 年。

任翔：《孙家鼐与晚清变局》，安徽大学硕士论文，2015 年。

孙治安编著：《帝师家族——寿州孙半城》，黄山书社，2017 年。

后记

淮河流域有着悠久的历史，数千年来，生活在这片土地上的先民不仅创造了灿烂的物质文明，而且留下了极为丰厚的历史文化遗产。

淮河流域处于南北交会的战略要冲，历来为兵家必争之地。频繁的战争和农民起义催生了无数英雄豪杰手持三尺剑在这里“逐鹿中原”，从这里“问鼎华夏”。因此，淮河流域是我国古代著名的帝王之乡，蚌埠怀远诞生了夏后帝启，江苏宿迁孕育了西楚霸王项羽，沛县是西汉开国皇帝刘邦的故乡，亳州为三国曹魏政权曹丕的发迹之所，凤阳则走出了布衣皇帝朱元璋。伴随着这些君主帝王而建功立业的文臣武将也如群星璀璨。张良、萧何、鲁肃、诸葛亮、李善长等谋臣在这里长袖善舞；韩信、英布、吕蒙、徐达、常遇春、戚继光等名将在这里叱咤风云。

淮河流域开放、包容的社会环境和崇文重教的社会风气使各种思想文化在此交流碰撞、混生杂融，并不时孕育、迸发出影响中华文明进程、改写中国历史的深刻思想与睿智哲学。涡水流域是道家文化的肇兴地，老庄思想的创始人老子、庄子都诞生于这片热土。此外，这里还诞生了管子、曹操、华佗、嵇康等一代先哲，对我国的政治、经济、文化、军事、科技、宗教、哲学、医学等产生了重要影响，为推进中华文化发展与社会进步作出了杰出贡献。

晚清民国时期，社会风云激荡，催生了捻军起义领袖张乐行、光绪帝师孙家鼐、同盟会元老柏文蔚、民族企业家孙多森、倪道杰以及史学奇才萧一山等。他们或“为天地立心”，或“为生民立命”，或“为往圣继绝学”，或“为万世开太平”，为反对外来侵略和本国封建统治、挽救国家危亡和争取民族独立作出了巨大贡献。

《淮河流域历史人物》是“淮河流域历史文化”系列丛书之一，收录了先秦至晚清、民国时期淮河流域历史上不同时段具有代表性的25位人物。苏州大学池子华先生对捻军有过专门研究，成果丰富，于是我们邀请他撰写了《捻军领袖：张乐行》。对近代安徽寿县孙氏家族有过研究的复旦大学历史系博士生郭坤杰应邀撰《光绪帝师：孙家鼐》《亦官亦商：孙多森》。萧一山一生专治清史，有“清史研究第一人”之称，我校张光华教授曾把关于萧一山的选题作为博士论文，术业有专攻，所以我们请他撰写了《史学奇才：萧一山》。对以上鼎力支持本书出版的各位学者特致谢忱。其他的历史人物主要由刘家富和郭从杰撰写。

本书在撰写过程中虽然数易其稿，但囿于是集体创作，格式难免不太一致，加之资料限制等诸多因素，书中可能有疏漏乃至错误之处，敬请读者批评、指正。

刘家富、郭从杰

2022年4月22日